기독교문서선교회 (Christian Literature Center: 약칭 CLC)는 1941년 영국 콜체스터에서 켄 아담스에 의해 시작되었으며 국제 본부는 미국 필라델피아에 있습니다. 국제 CLC는 59개 나라에서 180개의 본부를 두고, 약 650여 명의 선교사들이 이동도서차량 40대를 이용하여 문서 보급에 힘쓰고 있으며 이메일 주문을 통해 130여 국으로 책을 공급하고 있습니다. 한국 CLC는 청교도적 복음주의 신학과 신앙서적을 출판하는 문서선교기관으로서, 한 영혼이라도 구원되길 소망하면서 주님이 오시는 그날까지 최선을 다할 것입니다.

김 도 인 목사
아트설교연구원 대표 | 주담교회 담임

  어릴 적에는 누구나 별명이 있다. 그 별명이 불려 질 때마다 많이 부끄럽다. 그 이유는 친구들이 나의 단점만 골라서 붙였기 때문이다.

  학교에 들어가면 이름표를 단다. 그 학생이 누구인지 알아야 하기 때문이다. 이름표는 언제나 자랑스럽다. 선생님께서 내 이름표에 이름을 불러 주실 때마다 감사하다.

  친구들이 이름 대신 별명을 불러주면 한 대 때려주고 싶다. 하지만 친구들이 이름표 있는 그대로 이름을 부르면 고맙다. 나를 소중히 여긴다고 생각되기 때문이다.

  아브라함도 이름이 있다. 그리고 별명도 있다. 그의 이름은 아브라함이다. 아브라함은 '열국의 아버지'란 뜻이다. 아브라함도 별명이 있다. 그 별명은 '믿음의 조상'이다. 아브라함은 이름도 별명도 모두 좋다. 그러니 모든 사람이 부러워한다.

  이 책은 아브라함의 이름과 별명을 통해 그가 어떤 사람인가를 찾게 해주는 책이다. 또한, 이 책은 아브라함과 같이 우리에게 듣기 싫은 별명이 아니라 듣고 싶은 별명을 붙여주려 한다. 곧, 부끄러운 별명이 아니라 자랑스러운 별명을 붙여주려고 한다.

  그리스도인은 이름표에는 각자 부모에게 물려받은 이름이 불린다. 신앙생활을 하면서 하나의 별명을 붙여야 한다. 그 별명은 '순종의 사람'이다. '순종의 사람'은 세상에서 붙여진 최고의 이름이다.

'순종의 사람'은 자기 힘으로 '버티기'를 통해서 붙여진 이름이 아니라 하나님의 말씀 '붙들기'를 통해서 붙여진 이름이다. 그래서 창피하기보다는 아주 자랑스럽다.

박명수 목사의 이 책 『하나님 순종이 어려워요』는 아브라함과 같이 '순종의 사람'이 되고 싶은 마음이 들게 만든다. 순종은 어렵지만 순종의 사람이 되고 싶어서 하나님을 붙들고자 할 것이다. 그 이유는 글이 좋기 때문이다. 그 글을 만든 문장도 좋기 때문이다. 이 책은 반전과 대구법을 통한 엇박자의 글이 많다. 이 글을 통해 독자들은 저절로 아브라함이 되고 싶어 할 것이다.

순종은 억지로 하면 피곤하다. 하지만 자발적으로 하면 행복하다. 이 책은 자발적인 순종을 통해 신앙생활의 행복을 가져다 줄 책이 확실하다.

이 재 영 목사
아름다운교회 담임

사탄교 경전의 제1계명이 무엇인지 아는가?

존비비어 목사의 『순종』에 보면 사탄교의 제1계명을 이렇게 말하고 있다.

"네 뜻대로 할지라."

하나님께서는 가장 기뻐하시는 것은 '순종'이다. 사탄이 제일 좋아하는 것은 '내 뜻대로 사는 것'이다. 성경 전체를 통틀어 하나님께서 하나님의 백성들에게 요구하는 한 가지만 이야기하라고 하면 나는 자신이 있게 '순종'이라고 답할 것이다.

순종하면 떠오르는 대표적인 인물이 아브라함이다. 아브라함은 처음부터 하나님께 인정받는 순종의 사람이 아니었다. 순종은 생각보다 어렵다. 하나님이 요구하시는 순종은 우리의 이성과 이해를 뛰어넘기 때문이다. 아브라함이 온전한 순종의 사람으로 거듭나기 위해서 눈물이 있었다. 아픔이 있었고 실수도 있었다.

저자 박명수 목사는 이 책, 『하나님 순종이 어려워요』에서 아브라함이 순종의 사람이 되기까지의 과정을 드라마틱하게 보여주고 있다. 그의 글은 간결하고 낯설고 통찰력이 있다. 또한, 깊이가 있고 생각하게 하고 결단하게 만든다.

독자는 이 책을 통해서 아브라함을 더 깊이 이해하게 될 것이다. 아브라함이 나와 다른 사람이 아니라 나와 똑같은 사람임을 인지하게 될 것이다. 나도 아브라함처럼 '순종의 사람'이 될 수 있음을 확신하게 될 것이다.

김현수 목사
『메마른 가지에 꽃이 피듯』의 저자 | 행복한나무교회 담임

반응이 중요한 시대다. 좋다고 말하는 것은 반응이 빠른 것들이다. 좋은 스마트폰의 기준은 반응 속도다. 빨리 반응할수록 최신 스마트폰이다. 좋은 기업의 기준도 반응이다. 고객에게 빨리 반응해야 인정받는다. 좋은 옷의 기준도 반응이다. 시대의 유행에 얼마나 빨리 반응하는지가 중요하다.

믿음이 좋은 사람은 어떤 사람인가?

반응이 빠른 사람이다. 아브라함이 믿음의 조상이 될 수 있었던 이유도 반응 때문이었다. 반응은 건강의 표시다. 건강한 사람은 반응이 빠르다. 건강한 신앙도 반응이 빠르다. 코로나19만 위기가 아니다. 반응 없는 신앙생활도 위기다. 살아 있는 믿음은 상황을 뛰어넘는 능력이 있다. 반응하지 않으면 어떤 상황도 위기가 된다. 이 책, 『하나님 순종이 어려워요』는 반응 없는 신앙생활을 진단한다.

'순종'이라는 부담스러운 제목과 다르게 내용은 따스한 위로가 가득하다. 저자 박명수 목사는 상처 난 영혼에 소독약이 아닌 반창고를 붙여 준다. 건강한 믿음으로 회복하기를 원하는 독자들에게 이 책을 추천한다. 하나님은 21세기 복의 근원이 될 아브라함을 부르신다. 이 책을 읽고 하나님의 부르심에 기꺼이 반응하길 바란다.

김영한 목사
Next 세대 Ministry 대표 | 품는교회 담임

 이 책은 순종에 대해 명쾌하게 알려 준다. 왜 순종이 어려운지 파헤쳐 주고, 거기에서 멈추는 것이 아니라 어떻게 하면 순종할 수 있는지 그리고 순종할 때 주시는 삶의 축복은 무엇인지 펼쳐 생생하게 보여준다. 저자의 교회가 계속 부흥하고 있다는 소식을 들었다. 이 책을 읽으면서 왜 부흥하는지 알 수 있었다. 들리는 설교를 통해 읽는 동안 은혜를 받았다.
 이 책은 21세기에도 하나님 앞에서 어떻게 신앙생활을 할지 알려 주는 보물 지도와 같다. 이 책을 읽어 나가면, 순종이 어려운 것이 아니라 오히려 쉽고 그 열매가 얼마나 단지 제대로 깨닫게 된다.
 아브라함에 대해 아주 잘 풀어낸 이 책을 통해 영혼의 회복과 성숙이 일어나게 될 줄 믿는다. 독자들에게 일독하기를 강추한다!

하나님 순종이 어려워요

Oh God! Obedience is difficult
Written by Park, Myung Su
All rights reserved.
Korean Edition Copyright ⓒ 2020 by Christian Literature Center,
Seoul, Korea

하나님 순종이 어려워요

2020년 09월 20일 초판 발행

지 은 이	|	박명수

편　　집	|	박민구
디 자 인	|	한다정
펴 낸 곳	|	(사)기독교문서선교회
등　　록	|	제16-25호(1980.1.18.)
주　　소	|	서울특별시 서초구 방배로 68
전　　화	|	02-586-8761~3(본사) 031-942-8761(영업부)
팩　　스	|	02-523-0131(본사) 031-942-8763(영업부)
이 메 일	|	clckor@gmail.com
홈페이지	|	www.clcbook.com
송금계좌	|	기업은행 073-000308-04-020
		(사)기독교문서선교회

ISBN 978-89-341-2188-6 (04230)
　　　978-89-341-1825-1 (세트)

이 도서의 국립중앙도서관 출판예정도서목록(CIP)은 서지정보유통지원시스템 홈페이지 (http://seoji.nl.go.kr)와 국가자료공동목록시스템 (http://www.nl.go.kr/kolisnet)에서 이용하실 수 있습니다. (CIP제어번호:CIP2020033521)

이 책의 저작권은 저자와 (사)기독교문서선교회가 소유합니다. 신저작권법에 의하여 한국 내에서 보호받는 저작물이므로 무단 전재와 무단 복제를 금합니다.

아트설교시리즈 ⑬

하나님 순종이 어려워요

박명수 글

CLC

목차

추천사   1
김도인 목사, 이재영 목사
김현수 목사, 김영한 목사

프롤로그   12

제1부   버티지 못해도 버리지 않으신다   16
1. 신앙생활은 소속이 달라지는 것으로 시작된다   19
2. 꼬박꼬박 예배가 쌓이면 믿음은 단단해진다   41
3. 버티지 못해도 버리지 않으신다   61
4. 미끼는 항상 맛있어 보인다   81

제2부   신앙은 가출이 아니라 탈출이다   102
5. 일상이 쌓여 운명이 된다   105
6. 아멘이 길을 만든다   125
7. 믿음은 뒤돌아보지 않는 것이다   145
8. 신앙은 가출이 아니라 탈출이다   163

제3부 정말 순종할 수 없는 일을 하라시면
        어떻게 하나? 186
  9. 하나님의 시나리오에는 엑스트라가 없다 189
  10. 정말 순종할 수 없는 일을 하라시면
      어떻게 하나? 207
  11. 성도의 죽음은 마무리가 아니라 이어짐이다 225

프롤로그

다짐은 각서 한 장으로 지킬 수 없다.

인터넷 게시판에 '딸의 심오한 각서'라는 제목으로 사진이 한 장 올라왔다. 초등학교 저학년 글씨로 이런 내용이 적혀 있다.

"나는 손톱을 다시 물어뜯지 않겠습니다. 물어뜯으면 집을 나가고 학교도 그만두겠습니다. 약속합니다."

집과 학교까지 이야기 한 아이의 각서. 나름 비장한 각오다.

이후 아이는 어떻게 되었을까?

집을 나가지도 않았겠지만, 손톱을 안 뜯는 극적인 변화도 없었을 것이다. 다짐은 각서 한 장으로 지킬 수 있는 것이 아니다. 사람은 자신의 한계를 뛰어넘기 힘들다.

순종할 때 한계를 돌파한다.

갈릴리 호수에서 고기 잡는 시몬. 밤새도록 한 마리도 못 잡았다. 그날 운은 꽝이다. 운에 의지해서 사는 것이 시몬의 한계다. 그때 예수님이 오셔서 말씀하신다.

"깊은 곳에 가서 그물을 내리라."

시몬에게는 황당한 요구다.

'밤새 한 마리도 못 잡았는데 지금은 잡히겠나?'

무엇보다 자존심이 상한다.

'어부가 목수의 말을 들어야 하나?'

예수님의 말에 동의할 수 있는 것은 하나도 없다. 그렇지만 시몬은 예수님의 말에 따라 그물을 내렸다. 동의할 수 없는 요구에 순종했다.

그 결과 그물이 찢어질 정도로 물고기를 잡는다. 운이라는 한계를 뛰어넘었다. 순종할 때 한계를 돌파한다.

미디안의 공격을 피해 숨어 살던 기드온. 용기도 없고 자신감도 없다. 그런 기드온에게 하나님은 전쟁에 앞장서라고 말씀하신다.

여호와께서 그를 향하여 이르시되 너는 가서 이 너의 힘으로 이스라엘을 미디안의 손에서 구원하라(삿 6:14).

하나님은 사람 보는 눈이 없으신가?

사람을 잘못 선택했다. 용기가 있고 자신감 있는 사람을 불렀어야 하는데 실수하신 것 같다. 그렇지 않다. 하나님은 겁 많은 기드온을 보시지 않았다. 그 너머를 보셨다. 자신의 한계를 뛰어 넘고 일어날 기드온을 보셨다. 그래서 전쟁에 앞장서라 명령하신다. 기드온의 한계를 뚫어버리기 위해서다.

매일 같은 문제에 넘어지는 것도 식상하지 않는가?

매일 같은 사람에게 상처받는 것도 지긋지긋하지 않는가?

내 모습을 변화시키는 방법이 있다. 내 한계를 뛰어넘는 방법이 있다. 순종이다.

하나님이 아브라함을 순종의 사람으로 만드셨다.

물론 순종은 어렵다. 순종이 쉬웠던 적은 없다. 우리만 어려운 것이 아니다. 아브라함도 순종이 어려웠다. 가나안 땅에 기근이 들자, 애굽으로 가버린다. 하나님 말씀을 미련없이 버린다. 아들을 주시겠다는 약속을 못 기다린다. 집에 있는 하인을 양자로 삼겠다고 말한다. 하갈을 취해서 아들을 낳는다. 아브라함도 순종이 어려웠다.

그런 아브라함이 독자 이삭을 번제로 드리는 순종을 한다. 순종을 어려워하던 아브라함이 순종의 사람이 되었다. 자신의 한계를 돌파하고, 믿음의 조상이 되었다. 그래서 아브라함을 살펴보려고 한다. 순종하지 못했던 아브라함이 어떻게 순종의 사람이 되었는지. 그 모습을 함께 보려고 한다.

순종이 쉬웠던 적은 없다. 목사인 나도 날마다 순종이 어렵다. 기도할 때마다 '하나님, 순종이 어려워요'라고 고백한다. 어쩌면 아브라함도 날마다 이 고백을 했을 것이다. 하나님은 그런 아브라함도 순종의 사람으로 만드셨다. 이 책을 통해 아브라함을 순종의 사람으로 만드신 하나님을 발견하게 될 것이다. 나를 순종의 사람으로 만들어 주실 하나님을 발견하게 될 것이다.

1부
버티지 못해도 버리지 않으신다

1. 신앙생활은 소속이 달라지는 것으로 시작된다
2. 꼬박꼬박 예배가 쌓이면 믿음은 단단해진다
3. 버티지 못해도 버리지 않으신다
4. 미끼는 항상 맛있어 보인다

사람들은 지금까지 내가 살던 방식이 행복하지
않다는 것을 알고 있다. 그러나 조금 더 노력하면
행복할 수 있을 것이라고 생각한다.
그래서 똑같은 생활을 반복하면서
똑같은 고통을 경험한다.
그러나 하나님이 하시는 말씀은 떠남이다.
떠남은 '더 나은 삶'이 아니라
'새로운 삶'을 이야기한다.

)

신앙생활은 소속이 달라지는 것으로 시작된다

자라면서 이름표가 달라진다

 삶은 이름표가 바뀌면서 자란다. 졸업식은 출발식이다. 초등학교를 졸업하면 교복 인생이 시작된다. 그때부터 어린이라는 이름표를 떼고 중학생, 청소년 혹은 사춘기라는 이름표를 달고 살아간다. 그 이름표는 중2병이라는 입에 담기도 무서운 이름표를 거쳐, 고등학생이라는 이름표를 달게 된다. 살면서 이름표가 달라진다.

미술 대학 진학을 원하는 입시생들에게는 고질병이 있다고 한다. '홍대병'이다. 홍익대학교를 들어가는 것이 성공이라고 생각하고 '조금만 더하자'라는 마음으로 재수를 한다. 그렇게 일 년이 지나면 그 다음부터는 포기하기 더 힘들어진다. 홍대 갈 성적이 나오지 않으면, '내가 이러려고 재수를 했나?'라는 마음에 다시 도전하고 다시 도전하고. 삼수 사수를 넘어 신입생 중에 7수까지 있다고 한다.

4수를 해서 들어간 사람의 글을 본 적이 있다. 그렇게 들어가면 인생이 달라질 줄 알았는데 여전히 똑같더라는 내용이었다. '단지 홍대라는 이름표를 달기 위한 몸부림이었다'고 말한다. 이름표 하나 추가하려고 노력한 삶이다.

이름표 하면 빼놓을 수 없는 것이 해병대다. 해병대 훈련소에 가면 6주 동안 훈련을 받는다. 낯선 훈련소 생활을 하며 훈련 교관들에게 매일 듣는 말이 있다.

'너희가 그렇게 해서는 해병이 될 수 없다.'

'빨간 명찰의 주인이 될 자격이 없다.'

해병대는 훈련소를 수료하면 빨간색 바탕에 노란

색 글씨가 적힌 빨간 이름표를 달아준다. 해병대라는 표시다. 해병대 훈련소를 나온 이들에게는 평범한 그 이름표가 훈장과 같다. 6주간 훈련과 노력의 결실이다. 어깨에 힘이 들어가게 하는 이름표다.

'하나님의 자녀'라는 이름표

반면 은혜로 달게 되는 이름표가 있다. '하나님의 자녀'라는 이름표다. 내 노력이 아니다. 하나님이 달아주신 이름표다. '하나님 자녀'라는 이름표는 6주간 훈련으로 받는 수료증도 아니고, 자격 시험을 통과해서 받는 자격증도 아니다. 은혜로 주신 선물이다.

아브라함을 '믿음의 조상'이라고 부른다. 이 이름표는 아브라함이 노력으로 따낸 '이름표'가 아니다. 하나님이 은혜로 주신 선물이다. 하나님과 아브라함이 처음 만나는 장면을 보면 주어가 아브라함이 아니다. 하나님이 주어다.

"하나님이 아브라함에게."

아브라함이 하나님에게 '나를 좀 봐 주십시오'라는 요청을 하지 않았다.

'내 인생 답이 없고 답답한데 하나님이 길을 열어 주세요.'

이렇게 요청하지 않았다. 하나님이 먼저 아브라함을 찾아오셨다. 그리고 아브라함의 삶에 개입하셨다.

믿음은 하나님이 주어다. '내가 하나님을 열심히 믿겠다.' 이렇게 시작하는 것이 아니라 '하나님이 나를 불러 주셨다'라는 것을 깨닫는 것. 이것이 신앙이다. 하나님이 불러 주셔서 '하나님 자녀'라는 이름표를 붙여 주시는 것. 그것이 신앙이다.

'자녀'라는 이름을 붙여 주시는 것 그것이 신앙이다. 그때부터 소속이 달라진다. 하나님 소속이 된다. 신앙생활은 소속을 달라지는 것으로 시작한다.

소속이 달라지면 혜택이 달라진다

 소속이 달라지면 혜택이 달라진다. 대학 시절 방학 때마다 아르바이트를 했다. SK 석유화학 안에서 협력업체 소속으로 일을 했다. 가장 기다려지는 시간은 언제나 점심시간이다. 12시가 되면 협력업체 직원들 앞으로 배달되어 온 도시락을 먹는다. 시마다 때마다 다양한 메뉴의 음식이 도시락으로 배달되어 왔다. 복날에는 삼계닭 반 마리씩 배달되어 오기도 했다. 하루 중 가장 행복한 시간이다.

 한번은 SK 건물 안에서 하는 공사에 참여하게 되었다. 그 건물 안까지는 도시락이 배달되지 않는다고 했다. 아쉬운 마음으로 본사 직원들과 함께 밥을 먹으러 본사 식당으로 갔다.

 그곳에서 천국을 보았다. 한눈에 다 담을 수 없는 많은 종류의 반찬. 국도 몇 가지 중 골라서 담을 수 있게 되어 있었다. 식사를 마치면 먹을 수 있는 후식과 다양한 종류의 차까지. 그동안 맛나게 먹었던 도시락은 기억도 나지 않았다.

어릴 적 기억이고 신선한 충격이 포함된 기억이라 과장된 모습으로 남아있을 수 있다. 하지만 협력업체 직원들이 먹는 도시락과 비교할 수 없는 수준인 것은 분명했다. 딱하나 소속만 달랐을 뿐인데, 대우가 달랐다. 누릴 수 있는 혜택이 달랐다. 소속에 따라 혜택이 달라진다.

하나님 소속이 누리는 혜택: 보호하심

성도의 소속은 대기업이 아니다. 하나님 나라다. 대기업 복지 혜택을 누리는 사람이 아니다. 하나님의 인도하심, 하나님의 지키심, 하나님의 보호 혜택을 누리는 사람이다.

바울은 죄수의 신분으로 배에 태워져 로마로 끌려가고 있었다. 그때 유라굴로 광풍을 만난다. 배가 파선할 정도의 강한 바람이다. 생명의 위협 앞에서는 죄수도 군인도 노예도 선장도, 속수무책이다. 손쓸 도리가 없다.

모두가 우왕좌왕. 전전긍긍. 아무것도 못하고 걱정만 하고 있을 때, 바울은 그 속에서 평정심을 유지하고 있었다. 흔들리는 배 위에서도 바울의 마음은 흔들리지 않았다. 몰아치는 비바람도 바울의 마음을 공격할 수 없었다. 하나님이 바울을 지켜주겠다고 약속하셨기 때문이다. 하나님께 소속된 바울은 보호하심의 혜택을 누리고 있었다.

풍랑이 없는 삶은 없다. 잔잔한 바다만 여행하고 싶은 마음이지만, 폭풍과 파도가 없는 바다는 없다. 폭풍이 없으면 바다가 아니라 실내 수영장이다. 몰아치는 파도가 없으면 그건 바다가 아니라 연못이다.

인생 여행은 화창한 날씨에만 떠나는 것이 아니다. 질병이라는 풍랑이 심하게 몰아쳐서 건강이 흔들리고, 어려움의 파도가 높이 들이쳐서 한 번에 삶이 휩쓸려 버릴 때가 있다.

우리의 인생은 좁은 실내 수영장이 아니기 때문이다. 손바닥만 한 연못이 아니다. 그래서 파도도 치고 폭풍도 불어온다. 그것이 삶이다.

그때 하나님 소속인 성도는 보호하심의 혜택을 누린다. 풍랑이 몰아치는 배 위에서 모두가 걱정할 때 바울은 사람들을 안심시킨다.

> 이제는 안심하라 너희 중 아무도 생명에는 아무런 손상이 없겠고 오직 배뿐이리라. … 여러분이여 안심하라 나는 우리를 지켜주시겠다고 내게 말씀하신 그대로 되리라고 하나님을 믿노라(행 27:22-25).

하나님께 소속된 바울은 다른 사람이 누리지 못하는 보호하심의 혜택을 누린다. 그리고 나뿐 아니라 주위 사람들에게도 그 혜택을 누리게 만들어 준다.

내가 달라져야 가족도 그 혜택을 누린다. 가정 폭력을 휘두르는 사람에게 이유를 물어보면 가족을 미워하지는 않는다고 한다. 그런데 가족들이 자신을 무시한다는 생각이 들어서 그랬다고 말한다. 내가 마음이 안전하지 못하니까 가족들의 삶과 마음이 무너진다. 내 마음이 안전해지면 가족들의 삶도 안전해진다.

앞으로 아브라함의 삶을 살펴볼 것이다. 그의 삶에도 굴곡이 있고 눈물이 있고 아픔이 있다. 그런데 그와 더불어 하나님의 보호하심이 있다. 하나님의 지키심과 인도하심이 있다. 그가 하나님에게 소속되어 있기 때문이다.

하나님 소속은 부르심으로 시작된다

아브라함은 어떻게 하나님의 소속이 되었나?
두 가지다.
첫째는 부르심이다.
두 번째는 떠남이다.
하나님 소속은 부르심으로 시작된다. 그리고 떠남으로 완성된다. 부르심과 떠남이다.
구원은 하나님의 부르심이다. 내가 먼저 하나님을 찾는 것이 아니다. 아브라함이 먼저 하나님을 부른 것이 아니다. 하나님께서 하란에 살고 있던 아브라함을 불러 주셨다. 하나님의 소속으로 불러 주셨다.

2019년 3월. '영재 발굴단'이라는 TV 프로에 축구 영재 원태훈, 원태진 형제가 나왔다. 이 방송이 화제가 된 이유는 우리나라 TV 프로그램 최초로 크리스티아노 호날두 선수가 출연했기 때문이다.

원태훈, 원태진 형제의 아버지는 모로코인이고, 어머니는 한국인이다. 두 부모님은 축구를 좋아하는 두 아이 '축구바라지'를 하기 위해 밤낮없이 일을 한다. 엄마는 마사지하는 일을 하고, 아빠는 낮에는 건설 일을 하고 밤에는 청소 일을 하면서 태훈, 태진 형제를 키운다.

이 소식이 2018년도에 TV에 방송되자 많은 도움의 손길이 있었다. 또한, 여러 후원과 도움으로 두 형제는 축구 영웅 호날두를 보러 이탈리아로 가게 됐다. 그런데 그 경기에서 호날두 선수가 나오지 않았다. 그렇게 호날두 선수를 보지 못한 채 다시 한국으로 돌아와야 했다.

그런 이탈리아 여행 일정 마지막 날 갑자기 들려온 소식. 호날두가 두 형제를 따로 만나 주겠다는 이야기였다. 촬영을 간 방송국에서 두 형제의 소식을 호날두가 소속된 에이전트에 전달했고, 호날두가 만나겠다고 이야기를 한 것이다.

호날두를 만나러 간 것도 아이들이고, 만나고 싶다고 요청을 한 것도 한국 측이다. 그런데 호날두가 거절하면 만날 수 없다. 만나려는 노력은 할 수 있지만 그 노력으로 만나는 것이 아니다. 이런 것이 부르심이다. '내가' 했다고 생각하지 않는 것. 그것이 부르심이다.

'내가' 한 것이 아니다

아는 집사님 한 분이 하나님의 사랑을 느끼고 싶다고 계속 기도하셨다.

"남들은 하나님의 사랑 하나님 사랑. 이야기하는데 저는 잘 모르겠습니다. 정말 하나님의 사랑을 느껴 보고 싶어요."

열심히 기도했다.

그러던 어느 날 기도 시간에 '하나님이 나를 사랑하시는구나!'

그것을 깨닫게 되었다고 고백했다.

그런데 재미있는 것은 그분의 반응이다. 본인이 그렇게 원했고, 본인이 기도했고, 본인이 찾았다. 그렇게 하나님 사랑을 느끼고 나면 좀 당당해야 된다. 어깨도 으쓱하고, 뭔가 내가 하나님 사랑을 쟁취한 것처럼 행동해야 한다.

그런데 하나님의 사랑을 경험하고 나서 그분의 반응은 오로지 감사다. 은혜다. 본인이 기도했지만, 사랑을 경험하게 된 것은 내 노력이 아니다. '내가' 한 것이 아니다. '하나님이' 사랑해 주셨다고 고백을 하게 된다. '내가'에서 '하나님이'로 바뀐다.

주어가 바뀌는 것이 부르심이다

주어가 바뀌는 것이 부르심이다. '내가 했다'라고 말하지 않고 '하나님이 하셨습니다'라고 고백한다. 부르심을 모르는 사람은 아직도 '내가' 하나님을 믿어 주는 줄 안다. 가정의 평화를 위해 '내가' 교회 나와 주는 줄 알고, '내가' 휴일 아침에 일찍 일어나서 교회 나와 주는 줄 안다. 부르심을 모르는 사람이다.

신앙생활 시작하시는 분들 가운데 어려움 때문에 시작하신 분들이 있다. 사업이 어려워졌거나, 자녀 문제로 교회에 나오신 분들. 기도밖에 답이 없어서 시작한 분들이다. 그렇게 해서 응답 받고 해결되신 분들은 반응이 두 가지로 갈라진다.

한 사람은 '내가' 하나님께 기도하면 응답되는 구나'라고 문제 해결 방법을 발견한 사람이 있고, 또 한 사람은 '나는 하나님께 응답 받을 자격이 없는데 하나님이 응답하셨구나'라고 하나님을 발견하는 사람이 있다. 주어가 바뀌었다.

방법을 발견한 사람은 아직 '부르심'을 모른다. 여전히 '내가' 주어다. '하나님'으로 주어가 바뀐 사람, '하나님이 하셨다'라고 고백하는 사람이 '부르심'을 깨달은 사람이다. '내가' 기도한다고 응답되는 것이 아니다. '하나님이' 응답해 주시니 응답되는 것이다.

주어가 달라지지 않으니 방법만 달라진다. 힘든 일 있으면 하나님께 기도하고, 교회 생활 열심히 하고, 하나님이 응답 안 해주시면 큰일 나니까. 눈치 보듯 신앙생활 한다. 그러니 일상생활은 달라지지 않는다. '복 받는 방법'을 하나 배웠을 뿐이다. 부르심을 모르는 사람이다.

주어가 달라진 사람은 응답에 주목하지 않고 하나님에게 주목한다. '복 받는 방법'이 아니라 삶 자체가 달라진다.

'**하나님이** 내 기도를 기다리고 계셨구나.'

'**하나님이** 나를 기다리고 계셨구나.'

'하나님이' 나를 주목하고 계시고, '하나님이' 나를 사랑하고 계심을 발견한다. 주어가 바뀌었다. '부르심'이 무엇인지 깨달은 사람이다.

떠남은 부르심에 대한 반응이다

그 부르심에 반응하는 것이 떠남이다. 하나님이 아브라함을 부르셔서 하신 말씀이다.

> 너는 너의 고향과 친척과 아버지 집을 떠나 내가 너에게 보여줄 땅으로 가라(창 12:1).

하나님은 아브라함에게 하란 집에서 떠나라고 말

쏨하신다. 아버지 집과 익숙한 모든 것에서 떠나라는 말이다. 떠나야 새로운 삶이 시작되기 때문이다. 새로운 삶은 떠남이다.

『술 취한 코끼리 길들이기』라는 책에 있는 이야기다.

한 남자가 시장에 앉아서 무엇인가를 먹고 있었다. 그런데 너무 고통스러워 보였다. 그의 눈은 붉게 충혈되어 있었고, 눈에는 눈물이 가득 고여 있었다. 자세히 보니 고추를 수북이 쌓아 놓고 앉아서 하나씩 입안에 넣고 있었다.

세상에서 가장 맵기로 소문난 인도산 고추다. 남자는 고추를 하나씩 먹고 또 먹고 먹을 때 마다 인상을 쓰고 괴로워했다.

지나가던 사람이 궁금해서 물었다.

"당신은 매운 것을 좋아하십니까?"

"아니요, 저는 매운 것을 싫어하고 단 것을 좋아합니다."

"보아하니 인도 고추 같은데 왜 그 매운 것을 먹고 있습니까?"

"인도 고추가 맵다는 것은 저도 알고 있습니다. 그러나 혹시 단맛 나는 인도 고추가 있을지도 모르잖아요."

"저는 단맛을 좋아하기 때문에 단맛 나는 인도 고추를 먹을 때까지 먹을 것입니다."

그러면서 완전 울 것 같은 표정으로 인도 고추를 집어 먹는다.

그 남자에게 필요한 것은 쌓아 놓은 인도 고추를 다 먹어 보는 것이 아니다. 그 자리를 떠나서 꿀을 한 숟갈 떠먹는 것이다.

사람들은 지금까지 내가 살던 방식이 행복하지 않다는 것을 알고 있다. 그러나 조금 더 노력하면 행복할 수 있을 것이라고 생각한다. 그래서 똑같은 생활을 반복하면서 똑같은 고통을 경험한다.

떠남은 내려놓음이다

하나님이 하시는 말씀은 떠남이다. 사람들은 자신들이 원하는 집을 지어 줄 사람을 찾고 있었지만, 하나님은 새로운 설계도를 주신다. 사람들은 오랫동안 흥얼거린 노래를 불러 줄 사람을 찾고 있었지만 그분은 새 노래를 가지고 오신 작곡가다.

떠남은 '더 나은 삶'이 아니라 '새로운 삶'을 이야기한다. 설계도가 바뀌지 않으면 새로운 집을 지을 수 없다. 악보가 바뀌지 않고는 새로운 노래가 나올 수 없다.

아브라함은 하나님이 지시할 땅으로 가기 위해서 하란을 내려놓았다. 아버지 집을 내려놓았다. 하나님 말씀 때문에 이전 삶을 내려놓고 떠났다. 하나님 때문에 내려놓는 것이 떠남이다.

떠남이 무엇인지 가장 선명하게 보여주는 사람이 베드로다. 누가복음에 보면 물고기를 한 마리도 못 잡던 베드로에게 예수님이 찾아오신다. 그리고 그물이 찢어질 정도로 물고기를 잡게 해주신다.

우리의 기도 제목도 그물이 찢어지는 복이다.

"복을 주시되 찢어질 정도로. 가득 차고 넘칠 정도로. 대박이 나게 하소서!!"

베드로도 대박이 났다. 더 이상 부러울 것이 없어야 한다. 만족하고 물고기를 세면서 즐거워해야 한다. 그런데 베드로는 이렇게 말한다.

"나는 죄인입니다. 나를 떠나소서!"

물고기 대신 자신의 연약함을 보았다. 완악함을 보았다. 그래서 죄인이라고 고백한다. 이후 어부 생활을 떠난다. 그물을 떠나고, 물고기를 떠난다. 예수님 때문에 내려놓고 간다. 이것이 떠남이다.

떠남은 약속을 따라가는 것이다

기도는 떠남이다. 기도를 하면 할수록 응답에 가까워지는 것이 아니라 내려놓음에 가까워진다.

'하나님 자녀 문제를 이렇게 풀어주세요.' 간절히 기도했더니, 그 문제를 내려놓으라고 말씀하신다. 자녀를 하나님께 내려놓으라고 말씀하신다.

순종도 떠남이다. 익숙한 죄를 내려놓고 거룩으

로 가는 것이다. 하나님 때문에 내려놓으려니 불편한 일이 생긴다. 손해가 많다. 그럼에도 거룩으로 간다. 그 길을 하나님이 축복하실 것이라는 약속을 믿기 때문이다.

하나님은 우리를 두려움의 장소로 떠밀기 위해서 내려놓으라고 말씀하지 않으신다. 하나님이 주시는 약속을 받기 위해 내려놓으라고 말씀하신다. 하나님 품 안으로 들어가기 위해서 떠나라고 하신다.

아브라함은 어디로 갈지 방향은 몰랐다. 그러나 하나님의 약속은 알았다.

> 내가 너로 큰 민족을 이루고 네게 복을 부어 네 이름을 창대하게 해주겠다. 땅의 모든 족속이 너 때문에 복을 받게 될 것이다(창 12:1-2).

성도의 떠남은 방향을 알고 떠나는 것이 아니다. 하나님의 약속을 알고 떠나는 것이다.

하나님께 소속되면 새로운 삶을 산다

앞서 말씀드린 인도 고추를 먹는 남자는 이후에 어떻게 되었을까?

저녁 무렵 사람들이 집으로 돌아갈 때까지도 그는 여전히 괴로워하며 인도 고추를 먹고 있었다. 보다 못한 근처 가게 주인이 물었다.

"그 많은 인도 고추를 먹었는데도 단맛이 나는 것을 발견하지 못했는데 왜 계속해서 먹고 있는 거요?"

그러자 남자는 고통에 익숙해진 목소리로 말했다.

"지금까지 힘들게 참고 먹어 왔는데, 이제 와서 포기할 수는 없잖아요. 지금 포기한다면 여기에 바친 내 시간들이 얼마나 무의미하겠습니까? 이제는 단맛이 있을 것이라는 희망의 문제가 아니라 나의 존재의 문제가 되었습니다."

삶이 그렇다. 이제 단맛 나는 인도 고추를 찾을 수 있다는 희망의 문제가 아니다. 삶의 존재의 문제가 되어 버렸다. 너무 오랫동안 그렇게 살아 왔기 때문에, 이제 그것에서 떠나면 내 존재 자체가 흔들린다고 생각한다.

사람들은 스스로 떠나지 못한다. 그래서 하나님은 먼저 찾아와서 불러 주신다. 때로는 매운 고추를 손에서 강제로 빼앗아 버리고, 쌓아 놓은 인도 고추를 발로 걷어차 버리신다. 그리고 우리를 데리고 가서 손을 씻겨 주시고, 따뜻한 우유 한 잔, 꿀물 한 잔을 주신다.

그것이 하나님의 부르심이고, 그 하나님의 손에 순순히 이끌려 인도 고추를 버리는 것이 떠남이고 순종이다. 그렇게 우리는 하나님께 소속되어 살아갈 수 있게 된다. 하나님의 백성, 하나님의 자녀라는 이름표를 달고 살아가게 된다. 새로운 삶을 살게 된다.

"기분이 이런데 예배 드려서 뭐해?"
라고 사탄이 공격하면 "가서 은혜 받지 뭐!"
라고 대답하면 된다.
내가 예배를 지키는 것이 아니라
예배가 나를 지켜준다.

2

꼬박꼬박 예배가 쌓이면
믿음은 단단해진다

새로운 것은 반대를 만난다

1928년 3월 14일 「조선일보」에 인력거꾼들의 시위 기사가 실렸다. 지금의 서울시인 경성부에서 저가의 대중교통 서비스를 운영하겠다고 발표했다. 부영버스라는 20인승 버스 10대를 시에서 운영하겠다고 발표한 것이다. 많은 사람을 편리하게 하고자 했던 버스이지만 예상 외 반대에 부딪힌다.

인력거꾼들의 항의 시위다. 결국 경성부는 버스 사업을 백지화한다고 발표한다. 그러나 불과 1년 만에 오히려 택시가 급증하고 결국 버스 운행도 시작되면서 인력거꾼들은 역사 속으로 사라진다.

이와 비슷한 사건이 18세기 영국에서 일어난다. '러다이트 운동'(Luddite Movement)이라고 불리는 '기계 파괴 운동'이다. 영국에서 기계로 실을 뽑아내는 방적기와 기계로 천을 짜는 방직기가 만들어졌다. 훨씬 적은 수고와 적은 노동으로 많은 실과 천을 만들 수 있게 되었다.

손으로 실을 뽑고, 손으로 천을 짜던 사람들이 기계를 당할 수가 없었다. 그래서 사람들이 생각해 낸 것이, '저 기계를 부수자. 저것만 부수면 우리가 만든 제품이 다시 팔릴 수 있다.' 이런 생각으로 공장에 들어가 방직기와 방적기를 파괴하기 시작한다. 지금 생각하면 어처구니없는 일인데, 그 당시에는 그런 일들이 있었다.

요즘에도 보면 크게 다르지 않다. 우리나라도 카카오톡이 처음 나왔을 때 통신사들이 크게 반발했다. 그러나 지금은 너무도 많은 사람이 카카오톡 메신저를 쓰고 있다.

새로운 것은 언제나 반대를 만난다. 아무리 좋은 것도 익숙하지 않으면 불편해 한다. 더욱이 나에게 손해가 되는 일이면 불편한 것만 먼저 보인다.

신앙생활을 해도 여전히 달라지지 않는 상황도 있다

하란을 떠난 아브라함의 삶도 그렇다. 75세의 나이에 하나님의 말씀만 믿고 하란을 떠난 아브라함. 그는 아내 사라와 조카 롯, 하란에서 모은 모든 소유와 사람을 이끌고 가나안 땅으로 간다. 그리고 마침내 도착한다.

하란에서 떠나 가나안 땅에 도착했다. 떠남과 도착. 이 두 단어 사이에는 480km의 거리가 숨겨져 있다. 하란과 가나안은 옆 동네가 아니다. 480km의 거리다.

480km라는 거리 속에는 수많은 반대와 아픔, 눈물과 갈등이 들어 있다.

'우리가 왜 떠나야 하는가?'

'도대체 언제 도착하는가?'

'그곳에 가면 어떤 좋은 일이 있는가?'

기대감과 두려움, 설렘과 불안감의 여행이다.

아브라함은 480km의 여행 동안 사람들을 어르고 달래며 움직인다.

'조금만 참자. 하나님이 땅을 주신다고 하셨어.'

'조금만 견디자. 새로운 삶이 시작될 거야.'

이 사람 저 사람을 만나 설득한다. 어쩌면 그들에게 말하면서 스스로를 설득하고 있었을 것이다.

그렇게 480km의 인내와 아픔, 설득 끝에 도착한 가나안. 이제는 모든 고생이 끝났을 거라고 생각한다. 고생 끝 행복 시작을 기대한다.

그러나 아브라함이 도착한 땅에는 이미 정착해서 살고 있는 가나안 사람들이 있다. 힘겹게 도착한 가나안 땅에 그의 자리는 없었다.

'신앙생활'에는 '믿음,' '확신,' '당당함,' '자신감' 이런 단어들도 들어 있지만, 그 속에는 '불안감,' '초조함,' '염려,' '걱정' 이런 단어도 들어 있다.

순종이 나에게 좋은 것도 알겠고, 필요한 것이라는 것도 알고 있다. 그러나 삶의 크고 작은 어려움을 만나면 불안하다. 여전히 달라지지 않는 상황을 만나면 낙심된다. 이런 것도 신앙생활이다.

하나님은 낙심한 '나'를 찾아오신다

이런 상황을 만나면 어느새 반대 목소리가 마음속 깊은 곳에서 올라온다. 의심의 목소리가 마음 한 구석에서 올라온다. 분명히 신앙이 더 좋은 길이라는 것을 알면서도 불편함이 먼저 보이고, 단점과 안 좋은 점이 먼저 생각난다.

'괜히 결단했나?' '교회 괜히 열심히 다니나?'

아브라함의 마음도 똑같다. 다른 사람들을 설득하면서 여기까지 왔다. 아니 나 자신을 설득하면서 가나안 땅에 도착했다. 그런데 확실한 것은 아무것도 없다. 크게 달라진 것도 없다. 이러면 불안하고 초조하고 믿음이 흔들리게 마련이다. 하나님은 그때 아브라함에게 나타나 말씀해 주신다.

> 여호와께서 아브라함에게 나타나 이르시되 이 땅을 네 자손에게 주리라(창 12:7).

이렇게 약속을 해주신다.

하나님은 아브라함이 믿음을 시작할 때도 만나 주시지만 믿음이 약하고 흔들릴 때도 만나 주신다. 우리가 순종하고 헌신할 때도 함께 하시지만 나약해서 불순종할 때도 여전히 우리 하나님이 되신다.

이때 아브라함을 찾아오신 하나님이 나에게 큰 힘과 위로가 된다.

'하나님은 믿음 좋은 박명수도 만나 주시지만 낙심하고 있는 박명수도 포기하지 않으시는구나.' 어떨 때는 하나님이 응답해 주시겠다는 확신이 들 때도 있다. 그러나 하나님이 침묵하고 계신 것처럼 여겨져서 낙심될 때도 있다.

하나님은 그런 낙심 속에서 울고 있는 마음에도 찾아오신다. 단단한 믿음에도 찾아오시지만 부서지기 쉬운 연약한 믿음 속에도 찾아오신다.

예배가 나를 지킨다

하나님이 찾아오셨을 때 아브라함이 한 일이 있

다. 제단을 쌓았다.

> 자기에게 나타나신 여호와께 그가 그곳에서 제단을 쌓고(창 12:7).

한마디로 예배했다는 말이다.
사탄의 단골 무기가 있다. 예배를 흔드는 것이다.
"기분도 이런데 예배드려서 뭐해?"
"예배도 상태가 좋을 때 은혜가 되지."
이렇게 속삭인다.

신앙생활 하는 젊은 부부가 있었다. 한번은 아내만 예배에 참석하고 남편은 못나왔다. 그래서 아내 분에게 남편에 대해 여쭤봤더니 몸이 안 좋아서 못나왔다고 말씀하셨다. 그래서 예배 후에 전화를 드렸더니 안 받으셨다. 나중에 알고 보니 교회 오는 길에 차에서 다툼이 있었다는 것이다. 아파서 못나온 것이 아니다. 차에서 다투고 남편은 그냥 집으로 돌아가 버렸다.

"지금 이런 기분으로 예배 드려서 뭐해!"
'이런 마음으로 예배 드려서 뭐해' 사탄의 단골 공

격 무기다. 효과도 좋다. 신앙생활 초창기에 한두 번 당해 본 공격이다. 이제는 사탄의 공격 무기를 알았으니 잘 대처하면 된다.

"기분이 이런데 예배 드려서 뭐해?"라고 사탄이 공격하면 "가서 은혜 받지 뭐!"라고 대답하면 된다.

"이런 기분으로 가서 예배가 은혜가 되겠어?"

"응 되겠어."

은혜는 우리가 받아 내는 것이 아니다. 하나님이 주시는 것이다.

많은 분이 착각하는 것이 있다. 내가 예배 시간을 지킨다고 생각한다. 그렇지 않다. 예배 드리는 시간이 나를 지켜준다. 내가 예배를 지키는 것이 아니라 예배가 나를 지켜준다.

믿음은 예배를 통해 단단해진다

아브라함은 기쁨과 감사가 넘쳐서 예배한 것이 아니라 불안과 염려 속에서 예배를 드렸다. 믿음이 단단해서 예배한 것이 아니라 믿음이 단단해지기 위해서 예배를 드렸다.

 도자기를 만들 때 흙으로 만든다. 흙을 반죽해서 이 모양 저 모양 아름답게 만든다. 그러나 아무리 예쁘게 모양을 만들어도 그 자체로는 쓸 만한 그릇이 되지 못한다. 색깔도 투박하고 금세 깨지고 부스러진다.

 도자기는 가마 안에서 구워져야 한다. 그제야 단단해진다. 또한, 가마 속에서 뜨겁게 구워져야 흙 속에 숨어 있던 아름다운 빛깔이 드러나 백자도 되고 청자도 된다.

 성도는 흙으로 빚은 도자기다. 겉모습은 괜찮아 보이고 아름다운 형태를 갖출 수 있다. 그러나 그냥 그대로 두면 믿음이 쉽게 부서진다. 넘어지고 좌절한다.

 그래서 예배한다. 뜨거운 예배 속에 구워져야 단단해지기 때문이다. 그때 아름다운 믿음이 드러난다.

 한 번은 학생회 교사 한 명이 새벽 예배에 나왔다. 학생회 헌신 예배를 앞두고 기도하기 위해서였다. 일주일 동안 한 번도 빠지지 않고 쭉 나왔다. 그러면서 이렇게 고백했다.

> 일주일을 그렇게 새벽 예배에 나올 수 있었던 것이 너무 감사합니다. 헌신 예배를 준비하면서 힘들기도 하고 마음도 흔들리고 그랬는데 일주일 동안 새벽 예배를 드리면서 흔들리는 마음을 붙잡을 수 있었습니다. 잘할 수 있을까? 라는 생각을 내려놓고 하나님을 붙들 수 있었습니다.

일주일 예배 동안 마음이 일곱 번 단단해졌다. 흔들리는 마음을 예배를 통해 지키게 되었다.

신앙이 무너지는 사람은 예외 없이 예배부터 무너진다.

"목사님, 이번 주는 어쩔 수 없이 예배에 빠지게 됩니다. 죄송합니다."

상황 때문에 어쩔 수 없다고 말한다. 그런데 그런 상황이 쌓이면 점점 신앙이 힘을 잃게 된다. 어느 순간 사라진다. 믿음은 예배를 통해 단단해진다.

믿음이 좋아 꼬박꼬박 예배하는 것이 아니라 꼬박꼬박 쌓인 예배가 우리의 믿음을 단단하게 만들어 준다.

예배는 하나님의 약속을 덧칠하는 시간이다

예배를 통해 믿음이 단단해지는 이유가 있다. 약속을 되새겨 주기 때문이다. 아브라함이 가나안 땅에 도착했지만 이미 다른 사람들이 있다. 그곳에 자신의 땅은 없다.

그때 하나님이 아브라함에게 하신 말씀.

"이 땅을 네 자손에게 주리라."

처음 하셨던 약속을 다시 되새겨 주신다. 약속을 들은 아브라함은 즉시 하나님께 제단을 쌓는다. 하나님이 되새겨 주신 그 약속을 붙든다.

우리 교회는 '천사의 집'이라는 장애인 단체를 섬긴다. 그곳을 방문해서 이런저런 봉사 활동을 한다. 그때 빠지지 않는 것 중의 하나가 페인트칠이다. 건물도 페인트를 칠하고, 외부에 있는 나무 바닥도 페인트칠을 한다.

우리 교회에 페인트 일을 하시는 집사님께 다시

칠하는 주기가 얼마나 되는지 물어봤다. 그러니 하시는 말씀이 나무 바닥은 2-3년에 한 번 칠해야 한다고 한다. 그분이 하는 공사 중 하나가 육교를 칠하는 것이다. 육교는 3-5년마다 한 번씩 페인트칠을 한다. 우리가 아름다운 육교를 볼 수 있는 이유는 3-5년마다 그분이 육교를 덧칠해 주시기 때문이다.

페인트칠은 한번 예쁘게 칠했다고 끝이 아니다. 시간이 지나면 빛이 바래기 때문이다. 시간은 페인트도 빛 바래게 하지만, 생각도 빛을 바래게 만든다. 다짐도 빛을 바래게 만든다. 하나님의 약속은 변함이 없지만 그것을 붙들고 있는 우리의 마음은 변한다. 점점 희미해지고 빛을 잃어간다.

예배는 하나님의 약속을 덧칠하는 시간이다. 어떤 분은 새벽 예배 나와서 날마다 하나님 말씀으로 마음을 덧칠하는 분이 있다. 하나님 약속을 붙들고 하루를 살아가기 위함이다. 새벽마다 하나님을 덧칠한다. 예배로 약속을 덧칠한다. 이것이 믿음이 단단해지는 원리다.

약속을 붙들면 다시 일어설 수 있다

예수님도 예배를 통해 하나님의 약속을 되새기셨다. 복음서에 보면 예수님이 산에서 변화 되시는 장면이 나온다. 예수님의 옷이 희게 변하고, 모세와 엘리야가 나타나서 함께 예수님과 대화 하는 장면이다. 그래서 흔히 변화산 사건이라고 부른다.

이 변화산 사건도 하나의 예배다. 예수님이 하나님을 만나는 사건. 예배의 사건이다. 이 변화산 예배의 결론은 하나님의 약속 확인이다.

"이는 내 사랑하는 아들이요 내 기뻐하는 자니 너희는 그의 말을 들으라."

이 사건은 십자가 사건을 앞두고 일어난 사건이다. 예수님의 마음이 힘들고 어려운 때다. 3년 동안 제자들과 함께 있었는데 여전히 그들은 예수님의 마음을 모른다. 변화가 없으면 지친다. 낙심된다.

그때 하나님은 예수님과 제자들에게 다시 한번 약속을 생각나게 하신다. 예수님을 향해서는 '너는 내 아들이다.' '내가 사랑한다.' 말씀해 주시고, 제자들을 향해서는 '너희가 예수를 따르겠다는 그 약속을 다시 기억하라'라고 말씀해 주신다.

성도가 기도하는 시간도 약속을 되새기는 시간이다. 기도해서 응답받는 시간임과 동시에 하나님의 약속을 우리 마음에 덧칠하는 시간이다.

"나는 치료의 하나님이다."

"너희를 치료하겠다."

이 약속을 마음에 덧칠하는 시간이다. 되새기는 시간이다.

어떤 분은 이렇게 생각한다.

'약속 붙들고 간절히 기도했다가 아무런 응답이 없으면 어떡해요?'

잠시 하나님께 실망하면 된다.

하나님께 기도하고 실망하는 것이 실망하지 않으려고 도망가는 것보다 낫다. 나는 도망보다 차라리 실망을 선택하겠다. 하나님은 약속하셨기 때문이다. 그 실망감은 하나님이 책임져 주실 것이다.

그러니 기도 제목 있으면 하나님께 기도하라.

> 너는 내게 부르짖으라 내가 네게 응답하겠고 네가 알지 못하는 크고 은밀한 일을 네게 보이리라 (렘 33:3).

이 약속을 붙드는 시간이 될 것이다. 약속을 붙들면 다시 일어설 수 있다.

예배가 선명한 사람은 삶도 선명하다

아브라함은 예배를 드리고 다시 힘을 내서 움직인다. 제단을 쌓고 나서 벧엘 동쪽으로 옮겨 장막을 친다. 좌절하지 않고 다시 힘을 낸다. 그곳에서도 하나님께 예배를 드리고 하나님의 이름을 부른다. '나는 하나님을 섬기는 사람이다.' 이것을 세상에 선포하는 것이다.

약속은 선포로 이어진다. 예배를 통해 하나님의 약속을 되새긴 성도는 예배를 통해 내 신앙을 선포한다. 예수님을 믿는 사람에게 예배는 가장 선명한 외적 증거다.

"주일에 뭐해?"

"나 교회가!!"

하나님을 믿는다는 선포다. 그래서 갈등이 되면 언제나 예배가 답이다. 우리 교회가 영적으로 성장하고 있다는 것을 가장 많이 느낄 때가 오후 예배와 금요 심야 예배다. 점점 참석 인원이 늘어나고 있다.

주일 오전 시간에만 하나님을 믿는다고 선포하던 분들이 주일 오후에도 '나는 하나님의 사람이다.' 선포한다. 불타는 금요일에도 뜨겁게 기도하러 예배에 나온다. 예배는 내가 그 시간보다 하나님을 더 사랑한다는 선포다. 무엇보다 하나님께 예배하고 기도하는 시간이 더 필요하다고 고백하는 선포다.

그래서 예배가 선명한 사람들은 삶도 선명하다. 사울 왕이 제일 처음 무너진 것은 예배였다. 전쟁을 앞두고 하나님 앞에 예배를 드려야 하는데, 상황을 다 무시하고 자기 마음대로 한다. 사무엘 선지자를 기다려야 함에도 불구하고, 자신이 제사를 드린다. 본인에게는 예배가 별로 안 중요하다는 의미다. '대충 어떻게든 드리면 되지.' 예배가 흐려지니 삶이 흐려진다. 예배에 실패하니 삶도 실패한다.

우리 교회 지체 중에 삶이 달라졌다는 이야기를 듣는 분들이 많이 있다. 그분들의 특징은 예배가 선명해진 분들이다. 힘들어도 예배하고, 답답해도 예배하고, 심지어 말씀이 막혀서 삼키지 못할 때도 예배한다. 그랬더니 자녀들이 부모님이 달라졌다고 이야기한다. 주변에서 달라졌다고 이야기한다. 예배로 신앙을 선포하니 삶이 달라지기 시작한다.

성도는 삶의 문제와 아픔에 예배로 답한다

그런 분들의 믿음은 시간이 지날수록 단단해진다. 삶의 갈등이 생기고, 아픔이 찾아올 때 마다 꼬박꼬박 예배로 대답하기 때문이다. 성도는 삶의 문제와 아픔에 예배로 답하는 사람이다.

인도 현지에서 사역하시는 한 선교사님의 사역에 큰 위기가 찾아 왔다. 현지인 사역자 다르샨이라는 사람이 이복 동생과 돈 문제로 고소를 당한 것이다. 생활 대책으로 스쿨버스용 봉고차를 구매하느라 이복동생에게 돈을 빌렸는데 약속한 날짜까지 다 갚지 못했다.

　동생은 형이 자신을 속이고 사기를 쳤다고 생각하고 분해서 고소를 해버린 것이다. 다르샨은 다르샨 나름대로 괘씸하고 분노에 차 있었다. 나이 차이가 많이 나는 동생을 어릴 때부터 부모처럼 돌보면서 학비도 대주고 많은 도움을 주었는데 그 모든 은혜는 잊어버리고 고소를 했다는 것 때문이다. 결국 법정 싸움으로 커져 수시로 법정에 다니느라 다르샨은 교회를 돌보지 못했다.

　주변에서 다르샨에게 화해하라고 말했지만 듣지 않았고, 교회는 점점 어려워지고 성도들은 교회를 떠나기 시작했다.

　이런 상황에서 힌두교 단체에서 회유가 들어왔다. 자신들이 이 문제를 돈으로 해결해 줄 테니 교회를 힌두교에 넘기라는 것이다. 심지어 다르샨까지 흔들리는 듯한 모습을 보였다.

　그래서 선교사님이 며칠 동안 금식하고 다르샨을 찾아가서 함께 예배를 드리기 시작했다. 그렇게 며칠을 둘이서 예배를 드리던 어느 날, 말씀을 전하면서 이렇게 물었다.

"예수님은 베드로에게 형제를 일흔 번씩 일곱 번이라도 용서하라고 하셨는데 너는 몇 번이나 용서했는가?"

그 동안의 예배와 그 말씀을 통해서 다르샨의 마음은 녹아지고, 하나님은 동생을 용서할 마음을 주셨다. 그리고 다르샨은 그 길로 동생을 찾아갔고 서로 화해하고 용서를 했다.

다르샨의 마음을 돌이킨 것은 예배였다. 예배를 통해 하나님의 약속을 다시금 떠올리고, 내가 하나님을 믿는 사람답게 살아야 함을 삶으로 선포하게 되었다.

신앙생활 하다 보면 갈등이 참 많다. 지치고 힘들 때도 많다. 가끔 믿음도 짐 같아서 다 내버리고 싶을 때도 있다. 그때 언제나 예배가 답이다. 예배를 통해 하나님의 약속을 발견하게 된다. 예배를 통해 나의 믿음을 하나님과 사람들 앞에 선포한다.

그렇게 꼬박꼬박 쌓인 예배가 우리 믿음을 더욱 단단하게 만들어 줄 것이다.

신앙생활은 결심하고 결정해도 넘어진다.
그런데도 하나님은 우리를 포기하지 않는다.
우리는 말씀 붙들고 버티지 못해도,
하나님은 우리를 버리지 않으신다.
버티지 못해도 버리지 않으신다.

3

버티지 못해도 버리지 않으신다

결정과 결말이 다를 때가 있다

 삶은 결정만으로 완성되지 않는다. 결정과 결말이 다를 때가 많다. 여럿이 모이면 꼭 있어야 하는 것이 있다. 간식이다. 빠질 수 없다. 그래서 치킨을 주문하려고 했다. 그때 한 청년이 이렇게 이야기했다.
 "저 이번 달은 다이어트합니다."
 그 이야기를 듣고 있던 다른 청년이 한마디 했다.
 "지난달에도 다이어트한다며?"
 지난달에도 다이어트를 한다고 말해 놓고 실패했다는 말이다. 매월 1일에 다이어트를 결정해도 그렇다고 31일에 살이 빠지는 결말이 나오지 않는다.

주일예배 마치고 집에 갈 때 '이번 주는 자녀들에게 화를 내지 말아야지.' '답답해도 참아야지.'라고 결정한다. 그리고 2-3일은 지킨다. 그런데 그 결정이 아름다운 결말로 이어질 때도 있지만 그렇지 않을 때도 있다. 신앙은 결단과 결정만으로 완성되지 않는다.

아브라함이 그렇다. 처음에는 하나님 말씀에 순종해서 가나안 땅까지 왔다. 불안과 염려가 있었지만 그래도 포기하지 않고 말씀을 붙들었다. 가나안 땅에 정착하려고 했다. 장막을 치고 제단도 쌓았다.

'이곳에 마음을 두어야지.'

'이곳에서 예배해야지.'

결정했다.

'이곳에 머물러야지'라고 다짐하면서 장막을 치고, 예배도 드렸지만 생각지도 못한 어려움을 만난다. 그 땅에 기근이 들었다. 생각지도 못한 어려움은 생각지도 못한 결말을 만든다. 미리 준비하지 못했기 때문이다. 준비했어도 내 힘과 내 생각을 벗어난 어려움이기 때문이다.

신앙은 결말이 아니라 시작이다

신앙생활을 하면서 한 번도 어려움을 겪은 적이 없다고 하는 말을 믿지 않는다. 유혹과 아픔, 어려움이 없었다는 이야기는 사실이 아니다. 신앙생활을 시작하는 것은 동화의 결말이 아니라 시작이다.

백설공주 이야기의 결말은 '왕자를 만나서 행복하게 살았습니다'이다. 흥부 놀부의 결말은 '흥부는 부자가 되어 잘 살았습니다'이다. 아름다운 결말이다. 더 이상 문제도 없고 갈등도 없다.

그런데 신앙생활은 '성도가 예수님을 만나서 행복하게 살았습니다'로 끝나지 않는다. 백설 공주를 힘들게 하는 왕비의 공격은 이제부터 시작이다. 받은 은혜를 쏟게 만드는 자녀들의 모습. 말씀대로 살려고 하니 찾아오는 손해들. 여러 가지 갈등의 시작이고 어려움의 시작이다.

많은 사람이 넘어지는 이유가 신앙이 결말이라고 생각하기 때문이다. 신앙은 결말이 아니라 시작이다. 하나님 만나 새로운 여행을 시작하는 것이다. 새로운 삶을 시작하는 것이다. 그런데 그것을 결말이라고 생각하니까 어려움이 찾아오면 버티지 못한다. 마음에 갈등이 생기면 이겨내지 못한다.

어려움이 이어지는 현실은 버티기 힘들다

아브라함이 넘어진 이유도 가나안 도착과 예배가 결말이라고 생각했기 때문이다. 하나님의 약속을 믿고 가나안에 왔는데, 여러 가지가 쉽지 않다. 이미 그 땅에는 가나안 사람들이 있고, 당장 아브라함이 정착할 땅도 없다. 그래도 힘들지만 하나님 붙들고 이겨내려고 했다. 예배드리고, 하나님의 약속을 붙들었다. 그런데 그것으로 끝나지 않았다. 그 땅에 기근이 들었다. 아니 기근이 심했다.

그러면 제일 먼저 당황한다. 하나님 붙들고 신앙생활하면 좋은 일 있을 줄 알았다. 눈앞에 어려움을 견디고 예배하겠다고 결정하면 어려움이 떠날 줄 알았다. 현실은 그렇지 않다. 어려움이 이어지고 아픔이 이어진다. 그래서 당황스럽다.

교회에 새 가족들이 등록하면 담임목사가 하는 일은 등록된 이름 부르며 기도하는 것이다.

'하나님 신앙생활 승리하게 해주세요.'

'어려움이 있어도 이겨내게 해주세요.'

신앙은 현실이기 때문이다.

아브라함에게 찾아온 기근도 현실이다. 아브라함은 현실적인 어려움 속에 더 이상 버티지 못했다. 약속의 땅 가나안을 등지고 애굽으로 내려간다. 그곳은 곡식이 넉넉한 땅이다. 풍요로운 땅이고, 기근 걱정을 하지 않아도 되는 땅이다. 모든 것이 갖추어져 있다. 딱 하나! 하나님의 약속만 없는 곳이다.

나에게 대학은 애굽이었다. 남고에 있다가 대학을 갔다. 그곳은 여대생이 있는 곳이다. 만나는 사람도 새롭고, 선배들도 멋있어 보이고, 대학 생활 자체는 낭만과 기쁨으로 가득 차 보였다. 동아리 활동도 즐겁고 사람 만나는 것도 좋았다. 그렇게 신나게 놀고 싶었는데 늘 마음에 걸리는 것이 신앙이었다. 하나님이 마음에 걸렸다.

'하나님!!'

그 당시 저를 힘들게 하는 것은 삶이 아니었다. 죄도 아니었다. 하나님이었다. 하나님 때문에 불편하고, 하나님 때문에 답답하고. 다른 대학생들처럼 마음 놓고 놀고 싶고 흥청망청 놀고 싶은데, 주말이면 금요기도회를 가야 했고, 토요일은 청년부 예배를 드려야 했다. 말씀과 큐티가 늘 저를 힘들게 했다. 하나님이 발목을 잡는다고 생각했다.

그래도 저에게는 함께 신앙생활 해 온 청년 공동체가 있었다. 또한, 초등학교 6학년 때부터 신앙을 이끌어준 목사님이 계셨다. 그 덕분에 믿음을 지켰고 신앙을 지킬 수 있었다. 믿을 수 있는 목회자. 나를 사랑해 주는 공동체가 믿음을 지켜주었다.

아브라함에게는 아무도 없었다. 하나님의 약속을 받은 것도 아내 사라가 아니라 자신이었다. 하란을 떠나서 가나안으로 가자고 말한 것도 자신이었다. 그러니 방해가 찾아오고 어려움이 찾아오니 견딜힘이 없었다. 하나님 약속을 붙들 수 없었다. 아니 붙들고 싶지 않았다. 약속 붙들고 기근이 심한 가나안에 있는 것보다 약속을 뒤로 하고 애굽으로 가는 것이 좋아 보였기 때문이다.

하나님이 약속한 가나안은 기근이고 내가 선택한 애굽은 풍요로웠다. 눈에 보이지 않는 하나님의 약속은 나를 옭아매는 것 같고, 눈에 보이는 애굽은 가능성의 땅으로 보였다. 하나님의 약속만 잊으면 모든 것이 좋아 보였다. 그래서 약속을 무시했다. 믿음을 지키려던 그의 결정은 무너졌다.

그렇게 약속을 뒤로 하고 간 애굽. 생각만큼 호락호락하지 않았다. 기근을 떠나 애굽에 갔으니 더 잘 살아야 하고 더 행복해야 한다. 그런데 현실은 그렇지 않다. 애굽에 도착하자마자 자기 아내 사라에게 처음 한 말이

"당신은 지금부터 내 아내가 아니다. 그냥 여동생이라고 하자."

자기 아내가 너무 미인이다. 그러니 걱정이 된다. 자기 아내가 너무 미인이기 때문에 애굽 사람들이 자기를 죽이고 아내를 데려갈까 봐 걱정이 된다. 하나님의 약속을 버리고 내 힘으로 살겠다고 선택한 삶이 결코 쉽지 않다. 결국 자기 아내 사라를 애굽 왕 바로에게 시집을 보내는 일까지 생긴다.

사라가 너무 미인이니까 주변에 소문이 났다. 그 소문이 애굽왕 바로에게 까지 들려서 결국 바로와 결혼이 추진된다. 애굽왕 바로는 사라 때문에 바로왕이 아브라함에게 양과 소와 노비와 나귀와 낙타를 준다. 이건 혼납금 혹은 결혼 지참금이라고 해서 신랑 될 사람이 신부의 집에 주는 것이다.

오늘날에도 이슬람 문화에서는 '마흐르'라는 것을 결혼할 때 신랑이 아내에게 준다. 지금 바로왕은 아브라함에게 '마흐르'로 양과 소, 노비, 나귀 등 엄청난 재물을 준 것이다.

얼마나 부끄러운 돈인가?

아내에게 '여동생이라고 하자!'라고 말할 때도 참 부끄러웠는데, 차마 말이 떨어지지 않았는데, 이제 아내를 시집보내면서 돈을 받는다. 아내를 팔아서 돈을 받는다. 아브라함은 아내만 판 것이 아니다. 하나님의 약속도 팔아 버렸다. 신앙을 버렸다.

하나님은 아브라함에게 큰 민족을 이루게 해주겠다고 약속했다. 아브라함도 그 약속을 믿었다. 그래서 하란 땅을 떠나 가나안까지 왔다. 그런데 함께 큰 민족을 이루어 가야할 아내를 다른 사람에게 시집보

내려고 돈을 받았다. 하나님의 약속을 팔았다. 신앙을 등졌다.

버티지 못해도 버리지 않으신다

말씀을 묵상하면 할수록, 아브라함에게 손가락질할 수 없는 내 모습이 보였다. 그래도 목사인데 저렇게 신앙 팔아버리는 행동은 하지 않는다. 처음에는 그런 마음이었다.

내가 목사라는 이름으로 사기를 치겠는가?

아니면 교회를 팔고 도망을 가겠나?

그런데도 내가 아브라함의 모습을 보면서 '손가락질 못하겠다'라고 생각하는 이유는 내 모습을 스스로 잘 알기 때문이다.

하나님만 바라보겠다고 하면서 걱정하고 있을 때가 더 많고, 어떨 때는 성경 읽는 시간도 버겁게 느껴진다. 오죽하면 나는 새벽기도 때마다 나를 위해 기도해 달라고 내놓는 기도 제목이 있다.

"하나님을 사랑하는 사명자가 되게 해주세요."

고상한 기도 제목이 아니다. 처절한 기도 제목이다. '하나님을 사랑하는 사명자.' 이렇게 기도한다는 것은 하나님을 사랑하지 못하는 모습이 많다는 말이다. 목회자라고 안 그러고 사명자라고 그런 것은 자꾸 사명이 무겁게 느껴지고 사명과 상관없이 살고 싶다는 생각이 든다는 말이다.

그래서 새벽마다 빠짐없이 그렇게 기도 제목을 말한다.

"하나님을 사랑하는 사명자가 되게 하소서."

이렇게 기도 제목을 내면서도 '응답될까 두려운 마음'이 있다. '진짜 하나님만 사랑하면서 살게 될까봐.' '다른 것을 다 포기하는 삶을 살게 될까 봐.' 여전히 내 속에는 마음대로 살고 싶은 생각이 가득하다. 그러니 나는 아브라함을 손가락질할 수 없다. 하나님의 약속보다 애굽을 흘깃 흘깃 기웃거리는 내가 아브라함을 손가락질할 수는 없다.

그런데도 내가 아직 목회를 하는 이유는 나는 넘어져도 하나님이 붙들어 주시기 때문이다. 아브라함은 약속을 붙들지 못했다. 신앙을 등지고 애굽으로 내려가 버린다. 심지어 신앙을 팔아버린다. 그런데 하나님은 아브라함을 버리지 않으신다. 아브라함을 붙들어 주신다.

> 여호와께서 아브라함의 아내 사라의 일로 바로와 그 집에 재앙을 내리신지라(창 12:17).

아브라함은 아내를 바로 왕에게 시집보냈지만 하나님은 결정적인 순간에 막아 주신다.

신앙생활은 결심하고 결정해도 넘어진다. 시험에 걸려 도망가고, 유혹에 걸려 넘어진다. 우리가 어떤 결심을 하든 다른 결말을 당할 때가 많다. 그런데도 하나님은 아브라함을 포기하지 않는다.

우리를, 믿음의 가족들을 포기하지 않는다. 우리는 말씀 붙들고 버티지 못해도, 하나님은 우리를 버리지 않으신다. 나는 버티지 못해도 하나님은 버리지 않으신다.

하나님은 한 번의 실수로 우리를 판단하지 않으신다

하나님은 우리를 우리의 죄로 평가하시는 것이 아니라 하나님의 사랑으로 평가하시기 때문이다.

영화 "어벤져스: 엔드게임"(*Avengers: Endgame*, 2019)에 보면 이런 장면이 나온다. 악당 타노스에게 가족을 다 잃은 호크아이. 그는 살아남은 사람들 중에 나쁜 짓을 하는 사람들을 찾아다니면서 살인을 한다. 착한 내 가족은 죽었는데 저렇게 나쁜 짓을 하는 사람들이 멀쩡히 살아 있다는 것에 너무 화가 났기 때문이다.

그러다가 어쩔 수 없이 주인공 중에 한 명이 죽어야만 하는 장면이 등장한다. 그때 호크아이는 자신이 죽겠다고 말하면서 이렇게 말한다.

"내가 무슨 짓을 했는지 알잖아. 내가 어떤 놈이 됐는지 알잖아."

그때 함께 있던 사람이 이렇게 말한다.

"나는 한 번의 실수로 사람을 판단하지 않아."

그러면서 호크아이를 살리고 자신이 죽는다.

하나님이 우리에게 매일 하시는 말씀이다.

"나는 한 번의 실수로 너를 판단하지 않아."

아니 실수를 넘어 신앙의 실패가 반복되어도 그것으로 우리를 판단하지 않으신다. 오로지 십자가의 사랑으로 우리를 판단한다. 그래서 우리를 포기하지 않으시고 죄에서 막아 주신다. 좌절에서 막아 주신다.

막아주심이 축복이다

결국 하나님은 사라와 바로의 결혼을 막아 주신다. 연약하고 넘어지는 우리에게 막아주심이 축복이다.

"목사님! 왜 하나님은 모든 것을 하나님의 뜻대로 하실까요?"

기도 끝에 자신의 뜻을 꺾고 하나님께 순종했다. 그래도 마음이 힘들어서 한 질문이다.

그 질문에 이렇게 대답해 주었다.

"반대로 생각해보자. 나는 모든 것이 내 뜻대로 된다고 생각하면 그것은 그것대로 참 무서운 일인

것 같아."

욕심 많고, 유혹에 쉽게 넘어지고, 작은 일에도 마음 상하고. 그런 연약한 내가 원하는 대로 다 된다면 그것은 축복이 아니라 재앙이다. 하나님의 막으심이 축복이다.

좋은 자동차일수록 제한하는 기술이 들어 있다. 빨리 달리는 기능을 넘어 속도를 제한해 주는 기능이 들어 있다. 고속도로를 달리기 전에 미리 세팅을 해 놓으면 110km 이상을 달리지 않는다. 과속을 막아 안전을 누린다.

진짜 좋은 차는 속도만 막아 주는 것이 아니라 잘못된 방향도 막아 준다. 흔히 말하는 자율 주행 자동차. 차선을 이탈하면 알아서 방향을 잡아 준다. 스마트하다는 것은 제어가 잘 된다는 말이다. 잘 막아 주는 기능이 좋은 기능이다.

바울은 로마서에서 막아주심이 사랑이고 막아주심이 용서라고 말한다.

> 그들이 마음에 하나님 두기를 싫어하매 하나님께서 그들을 그 상실한 마음대로 내버려 두사 (롬 1:28).

하나님이 막아 주시지 않고 내버려 두신다면 그것이 바로 재앙이다. 그것이 심판이다. 막아 주시는 것은 사랑하신다는 증거다.

사랑이란, 막아 주시는 것이다. 하나님은 이스라엘 백성을 사랑하셨기 때문에 선지자를 보내주신다. 아모스 7장에 보면 아모스 선지자가 북이스라엘의 죄를 지적하자 사람들은 이렇게 말한다.

> 너는 유다 땅으로 도망하여 가서 거기에서나 떡을 먹으며 거기에서나 예언하고 다시는 벧엘에서 예언하지 말라(암 7:12-13a).

너희 집으로 가라. 다시는 예언하지 마라. 선지자의 외침이 듣기 싫어서 외면하는 모습이다. 귀를 막고 있는 모습이다. 하나님은 그래도 선지자를 보내신다. 그래도 말씀해 주신다. 그들이 죄악 속으로 걸어가는 것을 막기 위함이다.

그래서 성도는 앞 길이 막힐 때도 하나님을 기대하게 된다. 다윗은 자기 부하를 죽이고 그의 아내인 밧세바를 취했다. 그러고도 죄라고 생각지도 않고 살았다. 그때 하나님은 나단 선지자를 보내신다. 다윗을 사랑하셨기 때문이다. 사랑하시기 때문에 죄를 범한채로 내버려 두지 않으신다.

하나님 앞으로 나와야 산다

우리 삶에서 신앙이 무너지면 제일 먼저 예배가 무너진다. 자리가 무너진다. 이것을 뒤집으면 회복의 방법이 된다. 하나님과 멀어지려는 우리를 하나님이 막으신다면, 그때 성도가 제일 먼저 기억해야 할 것은 자리다. 하나님 앞자리에 나오는 것이다.

집 나갔던 탕자가 회복될 수 있었던 것은 후회도 아니다. 눈물도 아니다. 아버지 집으로 돌아왔기 때문이다. 있어야 할 자리로 왔기 때문이다.

전도하다 보면 그런 분들 가끔씩 만난다. 어릴 때 교회 열심히 나갔는데, 학생 회장도 하고 청년 회장도 하고. 그런데 군대 갔다 와서 교회를 안 가기 시작했다. 그때부터 아직까지 못가고 있다고 말한다. 다시 교회 나가시라고 권면하면 이렇게 말한다.

"죄가 많아서 못 가겠어요."

"삶이 좀 정리가 되면 가겠습니다."

삶이 정리가 되면 하나님 앞으로 나오는 것이 아니다. 하나님 앞으로 나오면 삶이 정리 되는 것이다.

하나님 앞으로 나와야 산다. 예수님이 성전에서 비둘기 파는 사람, 돈 바꿔주는 사람, 제물을 파는 사람들을 다 채찍으로 내쫓으시고, 그들의 상을 둘러 엎으셨다. 왜냐하면, 그들의 모습은 하나님 앞으로 오는 것을 막는 모습이었기 때문이다.

이스라엘 백성들이 제사를 드리러 오면, 제사장들이 제물을 받아주지 않는다. 제물에 꼬투리를 잡고 받아주지 않는다. 그래서 어쩔 수 없이 비싼 돈을 주고 성전 앞에서 파는 제물. 제사장들이 흠이 없다고 인정해 놓은 제물을 사야 했다. 몇 배나 비싼 제물을 사야지만 제사를 드릴 수 있었다.

백성들이 하나님께 나오기 힘들어졌다. 답답해서 하나님께 제사 드리고 싶은데 그것이 막혔다. 그래서 예수님이 그 상을 다 둘러 엎으신다.

우리가 예배할 때 하나님은 우리의 절망을 뒤엎으실 거다. 예배를 통해 우리의 교만을 뒤엎으실 것이다. 하나님과 멀어지게 만드는 우리의 죄를 뒤엎으실 것이다. 하나님 앞으로 나와야 산다.

자리가 회복되면 삶이 회복된다

아브라함이 가나안 땅에 도착해서 제일 처음 한 것은 제단을 쌓은 것이다. 하나님 잘 믿어 보겠다고 예배드렸다. 하나님과 더 가까이 가겠다고 예배드렸다.

그런데 기근이 찾아오고 어려움이 찾아오자 하나님을 등지고 떠난다. 약속을 저버리고 신앙을 팔아버린다. 그래도 하나님은 아브라함을 버리지 않으시고 그를 막아 주신다. 하나님이 개입하시면 바로왕의 결혼도 막으신다.

이제 아브라함이 기대할 것은 하나님 품이다. 다시 하나님 품이다. 하나님 앞으로 가는 것이다.

신앙생활을 하면서 많은 결심과 약속, 결단을 한다. 그런데 결심을 다 지키지 못할 때도 많다. 하나님께 순종하지 못할 때도 많다. 어느새 돌아서서 하나님과 멀어지는 쪽을 선택할 때도 있다.

그때 하나님은 여러 모양으로 막아 주신다. 붙들어 주신다. 우리는 하나님을 버려도 하나님은 버리지 않으신다. 믿음으로 버티지 않아도 버리지 않고 사랑해 주신다.

하나님이 막아 주실 때 성도가 해야 할 것이 있다. 하나님 앞자리로 오는 것이다. 그때부터 회복된다. 자리가 회복되면 신앙이 회복된다. 자리가 회복되면 삶이 회복된다.

사탄은 늘 미끼를 가지고 우리를 유혹한다.
사탄이 길목에서 우리를 넘어뜨리려고 할 때
하나님은 길목에서 우리를 일으켜 주신다.

4

미끼는 항상 맛있어 보인다

고수는 조급하지 않다

 조급하면 일을 그르친다. 학교 갈 때, 출근할 때, 심지어 해외 여행을 갈 때도 중요한 걸 빠트리고 갈 때가 있다. 꼭 가져가야 하는 것을 두고 갈 때가 있다. 늦잠을 잤을 때다. 늦게 일어나서 급하게 준비하고 급하게 챙긴다. 조급한 마음으로 준비하다 보니 중요한 것을 놓친다.

 유독 외로움을 타는 청년들이 있다. 누군가를 만나고 싶어 하고 사귀고 싶어 한다. 그런 마음으로 덜컥 사귀면 대부분 상처만 남기는 사이가 된다. 좋아

해서 시작된 관계가 아니다. 조급해서 시작된 관계다. 조급하면 일도 관계도 그르치게 된다.

고수들은 조급하지 않다. 아무리 급하다 해도 설렁설렁 넘어가는 법이 없다. 윤오영 작가의 수필집 『방망이 깎던 노인』에 나오는 노인이 그랬다. 다듬이질 방망이를 쓰던 시절. 동대문 어딘가에서 방망이를 깎는 노인을 보고 아내에게 줄 요량으로 방망이를 주문한다.

그런데 이 노인이 처음에는 빨리 깎는 것 같더니, '저만하면 되었다.' 싶은데도 계속 또 깎고 또 깎는다. 그래서 보다 못해서 말했다.

"그만하면 되었으니 이만 주시오."

그랬더니 노인이 오히려 화를 낸다.

"사는 사람이 좋다는데 뭘 더 깎는단 말이오. 이만 주시오."

"그러면 다른데 가서 사시우. 나는 안 팔라오."

오히려 파는 노인이 더 배짱이다.

결국 지금까지 기다린 것이 아까워 마냥 기다리다 샀다. 그런데 방망이를 보는 아내는 세상에 이렇게 좋은 방망이는 좀처럼 만나기 힘들다며 좋아한다.

그 노인이 고수다. 사겠다는 사람이 아무리 그냥 달라며 졸라도 팔지 않는다. 조급하게 재촉한다고 되는 일이 아니기 때문이다. 고수는 재촉한다고 냉큼 팔아버리는 법이 없다. 조급한 마음으로 만들지 않는다. 좋은 제품 나올 때까지 만든다.

조급하면 실수한다

아브라함과 하나님의 모습이 딱 그렇게 대조된다. 아브라함은 사라의 조급함에 손을 들어 주었다. 하나님은 아브라함의 조급함에 침묵하셨다.

아브라함이 가나안 땅에 거주한지 10년이 되었을 때다. 다른 말로 하나님이 아브라함에게 약속하신지 10년이 지났다는 말이다. 10년이면 강산도 변한다고 하는데 그 10년 동안 아브라함의 마음이 변했다. 그의 아내 사라의 마음도 변했다.

한 가지 약속을 10년 동안 붙들고 있다는 것이 말처럼 쉽지 않다. 조급증이 생긴다. 특히나 아내 사라 입장에서는 마음이 답답하고 미안하다. 남편 아브라함이 하나님께 약속을 받고 가나안 땅까지 왔는데 10년이 지나도록 임신하지 못한다.

꼭 나 때문에 약속이 이루어지지 않는 것 같다. 우리 가정, 나 때문에 힘든 것 같고, 나 때문에 상처가 쌓여 가는 것 같다. 뭔가 잘해보고 싶은데 그게 내 마음대로 되지 않는다.

10년이라는 세월은 사라에게는 지침의 세월이다. 할 만큼 다 해보고, 혼자서 울어도 보고. 갑갑함의 세월이고 답답함의 세월이다. 남편 아브라함에게 한 없이 미안한 세월이다. 그러니 마음이 답답해진다. 조급해진다.

그러니까 아브라함에게 자기 여종 하갈을 첩으로 삼게 한다. 답답한 마음, 미안한 마음 때문에 생긴 조급함. 그 조급함이 만든 결정이다.

그때 아브라함은 사라의 말을 들어 주었다.

아브라함이라고 왜 사라의 답답함을 모르겠는가?

아브라함이라고 왜 혼자 눈물 흘리는 사라의 눈물을 모르겠는가?

그 아픔을 알고 그 답답함을 알기에 사라의 조급한 결정에 따라 주었다.

기다림의 시간은 만들어지는 시간이다

 여기서 아브라함과 하나님의 차이가 난다. 아브라함은 사라의 조급함을 들어 주었다. 그런데 하나님은 아브라함의 조급함을 들어 주지 않는다. 10년이라는 세월, 사라가 조급해진 것처럼 아브라함도 조급해진다.

 아브라함은 자신의 답답함에다가 아내의 눈물까지 짊어지고 있다. 나도 기다리기 힘든데 가족의 삶까지 보고 있자니 버티기 힘들다. 기다리기 힘들다. 그러니 사라의 청을 거절 할 수가 없다. 나 하나는 어떻게든 버티겠는데, 아내 사라의 아픔까지는 차마 보기 힘들다.

 선교사님들이 사역을 하시면서 가장 고민되고 힘들어 하시는 것이 자녀들 문제다. 나는 헌신하고 부르심을 받아서 선교지로 가는데 내 자녀들이 겪는 고통에 가슴이 아프다.

한 선교사님의 글이다.

> 가족이 인도에 처음 와서 정착할 때 아이들이 인도의 날씨와 환경에 적응하느라 몸살을 앓았다. 특히 현지 학교생활에 적응하느라 무척 힘들어하고 아파했다. 아침에 학교 가는 아이들의 모습은 마치 도살장으로 끌려가는 송아지 같아 보였다. 그때 그러한 아이들의 뒷모습을 지켜보는 것이 큰 고통이었다.

사라의 뒷모습을 지켜보는 아브라함의 마음도 고통이다. 그래서 하나님께 기도하고 떼쓰고 매달렸을 것이다. 그런데 돌아오는 답은 침묵이다.

하나님은 아브라함의 조급함에 반응하지 않으셨다. 조급함에 사무친 몸부림을 거절하셨다. 고수는 조른다고 들어주지 않는다.

방망이 깎는 노인에게 아무리 졸라도 그 노인은 팔지 않았다. 그러면서 이렇게 말한다.

"재촉을 하면 점점 거칠고 늦어진다니까. 물건이란 제대로 만들어야지 깎다가 놓으면 되나."

하나님은 아브라함의 재촉에도 반응하지 않으셨다. 아브라함을 제대로 만들어 내기 위해서다. 아브라함의 재촉에도 그를 놓아 버리지 않으셨다.

하나님은 우리의 조급함을 들어 주지 않으신다. 우리를 제대로 만들어 주시기 위해서다. 그래서 끝까지 기다림 속에 붙들어 놓으신다. 그렇게 제대로 만들어 가신다.

성도에게 기다림의 시간은 만들어지는 시간이다. 투박한 나무 막대기 하나. 하나님 손에 딱 맞는 방망이가 되어 가는 시간이다. 투박한 나무 막대기 하나. 내 가족 살려내는 믿음의 방망이로 만들어지는 시간이다. 거친 나무 막대기 하나. 세상에 하나님을 드러내는 하나님 닮은 조각품으로 만들어지는 시간이다.

미끼는 항상 맛있어 보인다

그러기 위해서 필요한 것이 있다. 사탄이 던지는 미끼를 물지 않는 것이다. 사탄은 우리가 제대로 만들어지는 것을 싫어한다.

왜 주변에 믿음의 사람들을 보기 힘든가?

사탄이 집요하게 방해하기 때문이다. 제대로 만들어지지 않도록, 기다리지 못하도록 한다. 조급한 마음에 넘어지게 만든다.

신앙이 깊어지지 못하게 여러 방법을 동원한다. 신앙은 하루아침에 성장하지 않는다. 꾸준한 예배와 지속적인 말씀이 있어야 성장한다. 시간이 걸린다. 그런데 처음 교회 나오기 시작하면 대부분 그 다음 주에 약속이 생긴다. 법칙이다. 그것도 교묘한 약속이다. 진짜 어쩔 수 없는 약속이 아니라, 내가 결단하면 뿌리칠 수 있는 약속이다. 사탄은 그만한 문제를 앞에 놔둔다. 그거 삼키고 넘어지게 만든다.

예배의 자리가 그렇고 수련회 자리가 그렇다. 참석 못할 일이 생긴다. 급한 일이 생긴다. 참석하기 힘든 이유가 있다. 그런데 반대로 보면 내가 결단하면 되는 일이다. 항상 그 경계에 있다. 우리가 덥석 물만한 미끼가 놓여 있다.

사라의 제안이 그렇다. 사라가 아브라함에게 자신의 여종을 첩으로 맞이하라고 말한다. 그러면서 말도 멋있게 한다.

"여호와께서 내 출산을 허락하지 않으셨다."

하나님이 만들어 가시는 일이니까 이렇게 해도 된다. 그럴듯하다.

또 확실해 보인다. 사라를 통해서는 10년 동안 임신이 안 되었으니, 하갈은 새로운 대안처럼 보인다. 마냥 기다리는 것보다 그 방법이 더 좋아 보인다.

이것이 우리를 넘어뜨리려는 사탄의 미끼다. 쥐덫을 놓을 때, 먹을 것을 놔둔다. 사람들이 좋아하는 것을 두지 않는다. 쥐들이 좋아하는 것을 놓는다. 꼭 잡아야 할 놈일수록 좋아하는 것을 미끼로 둔다. 그래서 미끼는 항상 맛있어 보인다. 어느 정도 맛있어 보이나? 하나님의 약속을 대체할 수 있을 정도로 맛있어 보인다.

아브라함은 결국 하갈을 첩으로 맞이한다. 그 결과 행복이 아니라 불행이다. 결국 그 가정에 갈등이 생긴다. 잘 해보려고 시작한 일이 꼬이기 시작한다. 문제가 생기기 시작한다.

믿음은 완성품이 아니다. 만들어지는 과정이다. 하나님 손에서 이리저리 다듬어져서 아름답게 만들어지는 과정이다. 사탄이 던지는 미끼를 거절할 때 아름답게 만들어지게 된다. 약속을 붙드는 삶이 된다.

그러기 위해서 어떻게 해야 하나?

눈앞에 있는 미끼를 거절하는 삶을 살려면 어떻게 해야 하나?

하나님 약속을 업데이트하라

하나님의 약속을 매일 업데이트해야 한다. 컴퓨터 프로그램을 만들고 나면 한 번에 '짠! 완성!' 그러지 않는다. 지속적인 업데이트를 한다. 컴퓨터 잘 모르시는 분들은 고추 농사 생각하시면 된다. 고추 농사를 위해 모종을 심어 놓고, 그냥 두지 않는다. 지지대도 세워 준다. 약도 친다. 고추가 잘 자랄 수 있도록 상황에 맞게 환경을 바꾸어 주는 것. 이것이 업데이트다.

고추를 심어 놓고 그냥 두면 안 된다. 그냥 두면 잘 자라지도 못하고, 열매도 잘 맺지 못한다. 환경을 업데이트 해 줘야 잘 자란다.

하나님의 약속도 매일 업데이트해야 한다. 유혹에 넘어지지 않고 이겨내는 성도들을 보면 10년 전 약속만 붙들고 살지 않는다. 오늘 아침에 하나님이 나에게 해주신 약속이 있다. 그 약속을 붙들고 산다. 약속을 업데이트한다는 말은 오늘 받은 말씀이 나에게 있다는 의미다.

오늘 받은 하나님 약속이 고갈되면 그때 미끼를 문다. 한 달 전에는 은혜 받았는데, 1년 전에는 은혜 받았는데, 10년 20년 전, 30년 전 청년부 시절 수련회 갔을 때는 은혜 받았는데, 지금 그 은혜가 고갈되면 그 말씀에 허기져서 배고프면 사탄이 던지는 미끼를 덥석 물어 버린다. 원래 미끼는 배고프면 잘 문다.

아내와 장을 볼 때, 결혼 초기에는 저녁에 장보러 갔다. 저녁 밥 먹기 전에 장보러 갔다.

결과는 어떻게 되었을까?

계산할 때 보니 장바구니 안에 음식 재료보다 간식이 더 많다. 배고프니 바로 먹을 것에 눈길이 간다. 배고프면 다른 것에 눈을 돌리게 되어 있다.

다이어트나 단식 혹은 금식을 해보신 분들은 안다. 음식과 떨어져 지낸 시간이 길수록 후각이 예민해진다. 음식 냄새가 잘 맡아진다. 옆집이 아니라 옆, 옆, 옆집의 된장찌개 냄새도 맡을 수 있다.

시각도 달라진다. 먹는 것만 눈에 보인다. 시력은 그대로인데 시각이 달라진다. 아브라함에게 10년은 약속은 멀어지고 점점 예민해지는 시간이었다. 매일 업데이트 해주지 않아서 그만 사라의 말을 덥석 물어 버렸다. 눈에 보이는 해결책을 덥석 물어 버렸다. 누군가 상처 받을지 모르는 그 결정을 해버린다. 하나님의 약속이 오늘도 업데이트되어야 미끼를 거절할 힘이 생긴다.

예배는 업데이트하는 시간이다

 성경에서 말하는 절기들. 모두 약속을 업데이트하는 역할이다. 하나님이 이스라엘 백성들에게 매년 유월절을 지키라고 말한다. 이것은 구원의 약속을 업데이트하라는 말이다.

 이스라엘 백성들이 애굽에 노예로 있었다. 그때 하나님이 모세를 애굽의 왕에게 보낸다. "내 백성을 보내라!" 애굽 왕이 말을 안 듣는다.

 그래서 애굽 땅에 열 가지 재앙이 내린다. 마지막 재앙이 애굽의 모든 장자, 맏이가 죽는 재앙이다. 그때 하나님이 애굽 땅 안에 있던 이스라엘 백성들에게 이렇게 말씀하신다.

 "어린 양을 잡아서 그 피를 문에 발라라. 그 피가 발라져 있는 집은 죽음의 천사가 넘어가겠다."

 유월(踰越, Passover). 넘어간다는 뜻이다.

 그때부터 이스라엘 백성들에게 매년 유월절을 지키라고 말한다. '하나님이 우리를 구원하셨지.' '우리를 해방시켜 주셨지.' 어제의 구원을 오늘의 구원으로 업데이트하는 시간이다. 지금 힘들고 어려울 때 유월절을 지키면서, '하나님이 나를 이 문제에서 해방시켜 주실 거야.' 어제의 약속을 오늘로 업데이트한다.

주일예배가 약속을 업데이트하는 시간이다. 찬양하는 시간이 약속을 업데이트하는 시간이다.

> 세상의 유혹 시험이 내게 몰려올 때에, 나의 힘으로 그것들 모두 이길 수 없네. 거대한 문제와 아픔의 폭풍 가운데 자꾸 내가 위축되고 있을 때. 그때 하나님을 찬양합니다. 하나님이 내 문제 해결해 주실 것입니다.

찬양하면서 하나님의 약속을 업데이트한다.
'그래!! 우리 하나님은 나를 지켜주시는 분이지!!'
'그래 우리 하나님은 나에게 승리를 주시는 하나님이지!!'
왜 우리가 번거롭게 매주 교회 나와야 하는가?
'하나님이 한 번 구원해 주시면 되지, 하나님 은혜가 왜 그리 힘이 없나?'
하나님 은혜가 힘이 없는 것이 아니라 우리가 힘

이 없다.

'하나님이 나를 지켜주신다.'

'내 삶을 책임져 주신다.'

이것을 계속 붙들 힘이 없다.

그러니 주일마다 예배 나와서 말씀으로 내 삶을 점검하고 찬양하며 하나님의 약속을 붙든다.

고백하는 삶 vs. 고생하는 삶

한 성도가 자신의 기도 제목이 달라진 이야기를 해주었다. '제 주변 사람들이 하나님 만나게 해주세요.' '하나님 붙들게 해주세요.' 그랬는데 어느 순간 달라졌다. '하나님, 제가 하나님을 붙들게 해주세요.' '제가 하나님을 만나게 해주세요.' 기도 제목이 바뀌었다는 고백이다.

약속이 업데이트된 결과다. 하나님이 내 삶을 책임져 주실 거야. 이 약속이 업데이트되면 '그래!! 나만 잘하면 돼!! 내가 하나님 앞에 바로 서면 되는 거야. 나머지는 하나님이 하실 거야'라고 하나님을 고백하게 된다.

시편 말씀에 이렇게 선언한다.

> 청년이 무엇으로 그의 행실을 깨끗하게 하리이까
> 주의 말씀만 지킬 따름이니이다(시 119:9).

매일 듣는 말씀으로 매일 약속을 업그레이드할 때 행동과 삶이 달라진다. 동일한 한 주를 보내고, 동일하게 예배를 드려도 고백하는 삶이 있고 고생하는 삶이 있다. 여전히 기도 제목 가지고 고생하는 삶을 이야기하는 사람이 있다. 이번 주는 이런 어려움이 있었다. 저런 어려움이 있었다. 이렇게 넘어졌다. 저렇게 넘어졌다.

반면에 기도 응답을 가지고 고백하는 삶이 있다.

'이번 주중에 지난 주일 말씀 붙들고 이렇게 살았더니, 그래도 이만큼 달라졌어요. 이번 주중에 수요 성경 공부 시간에 이런 말씀 듣고 이렇게 살았습니다. 금요 기도회 말씀 듣고 이렇게 기도할 수 밖에 없었습니다.'

말씀이 업데이트되는 삶. 말씀이 고백이 되는 삶이다.

길목마다 말씀을 두라

사탄은 길목마다 미끼를 놓고 우리를 기다린다. 원래 덫 놓을 때는 맛있는 미끼뿐 아니라, 길목도 중요하다. 쥐가 자주 다니는 곳에 쥐덫을 놓는다. 거기서 걸리게 만든다.

사탄도 길목을 노린다. 아브라함이 가장 많이 만나는 사람이 사라다. 그 사라를 통해 미끼가 던져진다. 하나님께 받은 약속을 가장 많이 나눈 사람은 사라다. 하나님이 자손을 주신다고 하셨는데, 복을 주신다고 하셨는데, 그 이야기를 가장 많이 나누었다. 그 사라를 통해 넘어뜨린다. 약속이 업데이트 안 되면 가장 자주 가는 곳에서 넘어진다.

기도 제목 중에 새롭게 만난 사람들 때문에 힘들다는 기도 제목 잘 없다. 처음 만나는 사람에게 상처받았다는 사람들 별로 없다. 가정에서 넘어지고, 직장에서 넘어지고. 늘 생활하는 일상에서 믿음이 흔들린다.

그러면 이거 뒤집으면 승리 비결이다. 우리도 길목 길목마다 말씀을 두면 된다.

옛날에는 역참이 있었다. 그곳에서 말을 바꾸어 준다. 옛날 관리가 공무로 말을 타고 가다가 말이 지치면 역참에 들러서 마패를 보여준다. 그러면 그 역참에서 있는 역마라는 말을 이용할 수 있다. 지방으로 가는 길목에 30리. 약 11km 정도 거리마다 역참이 설치되어 있다.

열심히 달리다가 말이 지치면 길목마다 있는 역참에서 말을 바꿔 타면 된다. 그러면 끝까지 달릴 수 있다.

성도가 믿음으로 달릴 때 그 길목마다 말씀을 두면 끝까지 달릴 수 있다. 예배가 일주일 역참이다. 수련회가 중요한 역참이다.

'하나님이 나를 사랑하시는구나.'

'나에게 이런 약속을 해주셨구나.'

평생을 달릴 수 있는 충전의 기회가 된다.

'일주일에 한 번은 새벽기도 나가겠다.'

'내가 무슨 일이 있어도 금요기도회는 나와서 꼭 기도하겠다.'

집이 멀면 '꼭 주일 말씀 다시 듣겠다.' 그 예배가 내 삶의 역참이 되어 사랑도 충전 되고, 믿음도 충전된다.

예수님도 새벽마다 기도의 자리부터 가셨다. 하루를 시작하는 그 길목에서 하나님과 관계를 충전하셨다. 하나님의 약속을 업데이트하셨다. 그렇지 않으면 공생애 3년 못 달린다. 끝까지 가지 못한다.

예수님이 제자들과 함께 다니면서 지속적으로 기적을 보여주시고, 지속적으로 말씀을 들려 주신 이유도 충전 때문이다. 제자들에게 계속 충전해 주셨다.

공동체가 바로 역참이다. 소그룹 모임과 소그룹 지체들이 역참이 된다. 소그룹에서 나눈 말씀은 꼭 한 번쯤은 기억하게 된다. 붙들게 된다. 그것을 소그룹에서 나눌 때 새로운 힘이 된다. 나에게도 약속이 업데이트되고, 소그룹 지체에게도 업데이트된다.

주중에 내가 묵상한 말씀, 내가 들은 새벽기도, 수요예배, 금요기도회. 그 말씀을 나누어 주면 그것이 소그룹 지체들에게 역참이 된다. 그러면 소그룹 지체들의 삶이 고생하는 삶에서 고백하는 삶이 될 것이다. 사탄에게 걸려 넘어지던 삶이 약속 붙들고 승리하는 삶이 될 것이다.

사탄은 늘 미끼를 가지고 우리를 유혹한다. 우리는 늘 유혹받는 삶이다. 그러나 하나님은 우리에게 약속을 주셨다. 매일 약속을 충전해 주신다. 사탄이 길목에서 우리를 넘어뜨리려고 할 때 하나님은 길목에서 우리를 일으켜 주신다.

한주도 넘어지지 않을 것이라는 보장은 없다. 그러나 다시 일어설 수 있는 약속이 있다. 말씀이 있다. 예배가 있다. 그 시간을 통해 약속을 업데이트하는 시간이 될 것이다. 미끼를 거절하는 시간이 될 것이다.

2부

신앙은 가출이 아니라 탈출이다

5. 일상이 쌓여 운명이 된다
6. 아멘이 길을 만든다
7. 믿음은 뒤돌아보지 않는 것이다
8. 신앙은 가출이 아니라 탈출이다

'내가 과연 잘 할 수 있을까?'
이런 생각, 저런 고민하지 말고,
오늘 하루 믿음의 일상을
이어가면 된다.

5
일상이 쌓여 운명이 된다

평범한 삶이 자격증보다 낫다

"자격증 있는 사람이 치유자가 아니라 사람을 살리는 사람이 치유자입니다."

30년이 넘는 기간 동안 정신과 의사로 활동하며 만 명이 넘는 사람의 속마음을 듣고 상담한 정신과 의사 정혜신 씨의 말이다.

그녀는 세월호 피해자들뿐 아니라 우리나라의 굵직굵직한 아픔의 현장에서 많은 이들의 신음 소리를 들으며 치료를 위해 현장으로 달려간 의사다.

그녀가 볼 때 사회적 재난이 발생하면 여러 사람이 현장에 온다고 한다. 처음에는 심리 치료 전문가들을 비롯한 여러 전문가와 일반 자원 봉사자들이 모인다. 그런데 초기 몇 개월이 지나면 자격증을 가진 사람들, 소위 말하는 심리 치료 전문가들은 현장에서 사라진다.

사실 심리적 아픔은 시간이 지난다고 개선되는 것이 아니다. 겉에 보이는 상처는 시간이 지나면 증상이 완화되고 아물어 간다. 하지만 심리적 아픔은 다르다. 시간이 지나도 나아지지 않는다. 오히려 지날수록 증상이 또렷해진다. 치유에 관해서 할 일이 더 많아진다.

그런 곳에서 진짜 큰일을 하는 사람들은 전문 심리 상담가가 아니라 평범한 자원 봉사자라고 말한다. 자격증 가진 사람들이 모두 철수하고 사라진 때 그때부터 자격증 없는 이들의 진짜 상담, 진짜 위로, 진짜 살림이 시작된다.

자격증 없는 이들에게 어떻게 왔냐고 물어보면 대답이 단순하다.

"차마 보고 있을 수 없어서 왔어요."

그냥 집에 앉아 있을 수 없어서 무작정 왔다. 아무런 계획도 없이 그 어떤 자격증도 없이 온 이들. 막상 왔는데 뭘 해야 할지도 모른다. 그들은 아무것도 할 수 있는 것이 없다면서 그냥 울면서 무슨 일이든 한다. 피해자들을 위해 음식을 만들고 설거지를 하고, 청소를 한다. 그렇게 아픔을 당한 이들의 손을 잡고 울어준다.

그런 평범한 활동, 함께 울어주는 눈물이 쌓이고 쌓여 '당신은 혼자가 아니다'라는 느낌을 준다. 그렇게 함께 하는 시간이 계속 쌓일수록, 위로가 되고 힘이 된다. 사람들이 살아난다.

그들을 위로한 것은 특별한 자격증이 아니었다. 평범한 삶이었다. 일상적인 평범한 삶이 지속적으로 쌓여서 전달되니 자격증이 못한 일을 해낸다. 진짜 위로가 된다.

진짜 능력은 쌓여 있는 삶에 들어 있다

 진짜 능력은 자격증 한 장 속에 들어 있지 않다. 쌓여 있는 삶에 들어 있다.

 요즘은 운전 면허를 일주일 만에도 딸 수 있다고 한다. 학원에서 일주일 만에 딴 면허증 한 장 안에 운전 실력이 들어 있는 것이 아니다.

 초보 운전 딱지 달고, 긴장하며 운전하는 시간이 쌓여 갈 때. 그러다가 뒤에서 누가 빵빵 거리면 주눅 들어 간이 콩알만 해지고. 길을 잘못 들어서 10분 갈 길을 20분씩 30분씩 식은 땀 흘리며 헤매도 보고. 실력은 그런 시간들 속에 들어 있다.

 목사도 그렇다. 목사 안수를 받으면서 안수패를 받았다. 처음에는 안수 받은 사실이 감격이 되고 좋아서, 거실에다 안수패를 두었다. 지나가면서 보게 된다. 그런데 시간이 지나니 눈길도 안 간다. 먼지만 쌓인다. 목사 자격은 시간이 지날수록 먼지가 쌓이는 '안수패' 속에 들어 있지 않다.

 성도들과 함께 한 시간, 말씀과 씨름한 시간, 땀 흘리고 눈물 흘린 시간 속에 들어 있다. 이제는 목사 안수패는 어디 있는지도 모른다. 그러나 그것 없어도 목사다. 설교 준비하느라 머리 쥐어뜯고 있으니 목사다. 성도들 기도 제목 들고 무릎 꿇고 있으니 목사다. 그 시간 속에서 목사가 만들어진다. 목사 안수패는 시간이 지날수록 먼지가 쌓이지만 진짜 목사 자격은 시간이 지날수록 갖추어져 간다. 매일의 삶 속에서 만들어진다.

하나님 약속을 일상에서 고백하라

아브라함도 삶 속에서 그의 믿음이 빚어지기 시작한다. 하나님은 아브라함이 매일 반복하는 일상 속에서 믿음을 붙들게 만드신다.

하나님은 아브라함에게 먼저는 이름을 바꾸라고 말씀하신다. '아브람'이라는 이름은 '존귀한 아버지'라는 뜻이다. 그런데 그 이름을 '아브라함'으로 바꾸라고 하신다. '여러 민족의 아버지,' '여러 왕의 아버지'라는 뜻이다. 아내의 이름도 바꾸라고 하신다. '사래'에서 '사라'로 바꾸라고 하신다. '존귀한 여인, 존귀한 어머니'라는 뜻에서 '여러 민족의 어머니,' '여러 왕의 어머니'라는 뜻으로 바뀐다.

왜 이렇게 이름을 바꾸어 주시나?

많이 부르는 것이 이름이기 때문이다. 일상에서 늘 달고 다니는 것이기 때문이다. 하나님의 약속을 일상에서 고백하라는 뜻이다. '아브라함' '많은 왕의 아버지!!' 하나님은 나를 통해 많은 민족을 이루어 내실 것이구나. '사라' 내가 여러 왕의 어머니가 되는구나!! 매 순간 하나님의 약속을 고백하게 만드신다.

매일 이름을 부를 때마다 하나님의 약속을 기억하라는 말이다.

또 다른 하나가 할례다. 오늘날 말하는 포경 수술이다. 할례를 통해 '나는 하나님에게 약속을 받은 사람이다.' 이것을 기억하라고 하신다.

> 내 언약이 너희 살에 있어 영원한 언약이 되려니와(창 17:13).

할례는 몸에 새긴 약속이다. 포피를 잘라냄으로

하나님과 언약한 흔적을 남긴다. 매일 그 흔적을 보면서 약속을 생각한다.

믿음은 자격증 하나로 획득하는 것이 아니다. 침례 증서가 우리의 믿음 자격증이 될 수 없다. 믿음 자격증은 쌓여 있는 일상 속에 들어 있다. 믿음은 자격증으로 하는 것이 아니다. 믿음의 일상이 있어야 진짜다.

행함으로 믿음이 온전하게 되었느니라(약 2:22).

일상이 쌓여 운명이 된다

『그리스도인은 소프트아이스크림을 먹는다』(CLC 刊)라는 책에는 '일상이 쌓여 운명이 된다'라는 제목의 글이 있다. 저자 이언구 목사는 이스라엘을 공격하고 점령하는 바벨론의 모습을 이렇게 말한다.

바벨론의 일상은 오로지 내 욕심 키우고 내 욕심 채우는 것이다. 그래서 바벨론은 결국 망한다. 심은 대로 거두게 하시는 하나님이 망하게 하신다. 그들의 일상이 쌓여 운명이 되었다.

바벨론은 죄가 일상이어서 멸망이 운명이 되었다. 하지만 아브라함은 이제부터 믿음의 삶이 일상이 된다. 그래서 믿음의 조상이 그의 운명이 된다.

내 모습을 보면서 걱정될 때가 많다.

'이렇게 신앙생활 해도 되나?'

흔들릴 때가 많다. 전진하겠다고 다짐하지만 매 순간순간 무너질 때가 많다.

그럴 때는 일상을 붙들어야 한다.

'내가 과연 잘 할 수 있을까?'

이런 생각, 이런 고민하지 말고, 오늘 하루 믿음의 일상을 이어가면 된다.

아브라함의 말을 바꾸셨다

하나님이 아브라함에게도 그것 하라고 하셨다. 첫 번째 매일 하는 말을 바꾸라. 매일 하는 말 속에 하나님이 일하심이 들어 있는 말로 바꾸라고 하신다. '아브람' 존귀한 아버지, 늘 '아브람'이라고 불렀는데 이제 하나님이 개입하셔서 여러 민족의 아버지로 만들어 주겠다. '아브라함'이 되게 해주겠다고 하신다.

그러니 매일 '아브람'이라고 불렀는데, 이제는 매일 '아브라함'이라고 부른다. 하나님의 일하심이 들어 있는 고백의 말이다.

사람들은 일상을 바꾸려고 주변 환경을 바꾼다. 가끔 주부들 중에 멀쩡한 가구를 번쩍 들어서 다시 배치하는 사람들이 있다. 이쪽에 있던 장롱이 저쪽에 가있고, 이쪽에 있던 침대가 저쪽에 가있고. 그런 건 변화가 아니다. 6개월 후면 지겨워지기는 똑같다.

일상을 바꾸는 것은 가구를 바꾸는 것이 아니다. 말을 바꾸는 것이다. 정확하게 말하면 하나님의 일하심을 고백하는 것이다.

상처를 고백으로 바꾸라

내가 예수님을 믿게 된 과정을 이야기할 때마다 언급하는 것이 '왕따의 기억'이다. 늘 함께 놀던 친구들이 나랑 안 놀겠다고 말했다. 그래서 친구가 없어서 교회에 갔다. 그러면서 꾸준히 교회 다니게 되었고, 하나님을 믿게 되었다.

그러니 어릴 적 과거는 아픔의 과거가 아니다. 하나님의 일하심의 과거다. 하나님이 그런 상황을 사용하셔서 나를 인도해 주셨다고 고백한다. 하나님 믿고 난 이후로는 그때 상황을 원망스럽게 말해 본 적은 없다. 하나님의 일하심이라는 것을 고백하게 된 것이다.

단순히 친구들과 멀어진 정도가 아니라 정말 아픈 과거를 가지고 있는 분도 있다. 부모에게 받은 상처. 아니면 어릴 적 이런저런 아픔을 가지고 있다. 그런 상처가 고백으로 바뀌지 않으면 계속 그 아픔의 원망 속에 매여 살게 된다. 일상에서 하나님을 고백할 때 삶에 치유가 일어난다.

입술이 달라지면 삶이 달라진다

아브라함이 태어날 때 받은 이름은 '아브람'이다. 존귀한 사람이 되기를 원했다. 그런데 하나님은 그런 '아브람'을 찾아오셔서 말씀하셨다.

"내가 너로 큰 민족을 이루겠고, 복의 근원이 되게 해주겠다."

단지 존귀한 아버지의 삶이 아니라, 큰 민족의 조상. 여러 왕이 일어나는 큰 민족. 그 민족의 조상이 되게 해주겠다고 하셨다. 이 약속이 의미하는 것 자체가 '아브라함'이다. 하나님은 처음부터 '아브람'에게 '아브라함'이 되게 해주겠다고 약속하신 것이다.

그런데 문제는 아브람의 마음속에는 이 약속이 잘 안 받아들여 진다. 실제적으로 와 닿지 않는다.

우리 삶에서도 하나님이 나와 함께 하신다. 인도해 주신다. 이 약속을 알고 있다. 한두 번 들은 것이 아니다. 그런데 잘 와 닿지 않는다. 삶에서 잘 느껴지지 않는다. 그럴 때 필요한 것이 고백이다.

"목사님, 저는 왜 이렇게 머리가 나쁜지 모르겠어

요. 가만히 생각해 보면 지금까지 하나님이 인도하셨는데 그것을 자꾸 잊어요. 지금도 하나님이 함께해주시는 데 그것을 자꾸 잊어요."

머리는 나쁠 수 있다. 그러나 입술까지 나쁠 필요는 없다.

아브람이 하나님의 약속을 자꾸 잊으니까 하나님은 아브람의 입술부터 바꾸셨다.

"나는 아브람이 아니다. 아브라함이다. 하나님이 내 삶에 약속해 주셨다. 인도해 주실 것이다. 함께해 주실 것이다."

이름을 부를 때마다 고백하게 하셨다.

그래서 큐티나 말씀 묵상이 힘이 있다. 혼자서 입술로 중얼중얼 고백이 잘 안 된다. 그런데 큐티하고 말씀 묵상하면, 쓰면서 고백한다. 하나님이 인도해 주실 것을 믿습니다. 하나님이 어제도 지켜주셨음을 알게 되었습니다. 고백하게 된다.

어떤 교회는 감사 헌금을 할 때 꼭 감사 내용을 적도록 한다. 정말 필요한 훈련이다. 그러면서 한 주간 삶을 고백하고, 한 달의 삶을 고백한다. 특별한 일이 있을 때만 적는 것이 아니다. 매 순간 일상 속에서 고백한다. 적으려고 하면 생각하게 된다.

이번 주는 어떤 감사할 것들이 있었지, 이번 주는 어떤 인도하심이 있었지?

그렇게 일상에서 하나하나 고백이 쌓여가기 시작한다. 그러면서 믿음이 자란다. 하나님에 대한 신뢰가 자란다. 입술이 달라지면 삶이 달라진다.

고백하면 견고해진다

주위에 보면 늘 과거를 원망하는 사람들이 있다. 내가 어릴 때 집에서 이런 일이 있어서. 내가 청년 때 이런 일이 있어서. 우리 아이가 어릴 때 이런 일이 있어 가지고. 아내가 나에게 이렇게 해서. 시댁에서 이렇게 해서. 처가에서 이렇게 해서. 이런 원망에는 하나님의 일하심이 없다.

원망의 삶에 하나님의 일하심을 더하면 원망이 고백이 된다. 그때 아픔이 치료된다.

오래된 가재도구 하나하나 다시 닦듯이, 수저를 전부 한번 끓는 물에 소독하듯이, 과거의 아픔을 하나하나 꺼내서 고백으로 바꾸어야 한다.

'가족에게 받은 상처가 있지. 그래도 그것 때문에 교회 나왔던 것 같다.'

'그래서 하나님께 기도했었잖아. 그래 이 상처는 기도의 통로였어.'

이렇게 고백으로 바꾼다. 그 전까지는 이 상처 때문에 아프다고 말했는데 이제는 이 상처 때문에 기도하게 되었다고 말한다. 좋은 입술로 바꾼다.

어떤 분은 그런 이야기를 하셨다. 어릴 때 아버지가 안 계셔서 늘 상실감에 있었다. 늘 공허함이 있고 아버지에 대한 그리움이 있었다. 그런데 하나님을 믿고 보니, 그 아버지에 그리움이 하나님 아버지에 대한 간절함이 되었다고 고백한다.

아버지 없는 삶을 상실감이라고 부르는 것은 '아브람'이라 부르는 삶이다. 그 삶에서 하나님의 일하심을 발견하니까, 하나님에 대한 간절함이 되었다. '아브라함'으로 고백하는 삶이 되었다.

'나는 아버지가 일찍 돌아가셨지.'

'어머니가 일찍 돌아가셨지.'

그것이 늘 마음 한구석에 부담이었고 아픔이었다.

그런데 돌아보니, 그것 때문에 하나님 아버지를 더 생각하게 되었다.

아픔의 상처들을 하나님의 은혜로 반질반질 닦아서 믿음의 고백으로 바꾼다. 그리고 그 상처가 생각날 때마다, 이제는 원망을 꺼내는 것이 아니라 고백을 꺼낸다.

하루하루 지내다 보면 믿음이 흔들릴 일들이 많다. 하나님을 놓치고 살아갈 때가 많다. 그때 성도는 일상 속에서 하나님을 고백한다. 힘든 삶 가운데서도 나를 붙들어 주시는 하나님을 입술로 고백한다. 그때 우리는 견고한 믿음의 사람이 될 것이다.

지속성이 흔적을 남긴다

또 다른 하나는 일상에서 하나님의 흔적이 있어야 한다. 믿음의 자격, 믿음의 실력이 쌓이려면, 일상에서 하나님의 흔적이 있어야 한다.

믿음의 사람은 하나님과 동행하는 흔적이 있는 사람이다. 하나님은 아브라함에게 할례를 행하라고 말한다. 아브라함은 포피를 잘라냄으로 하나님과 언약한 흔적을 남긴다. 매일 그 흔적을 보면서 약속을 생각한다.

아브라함은 몸에다 그 흔적을 남겼다면 성도는 일상의 삶에서 그 흔적을 남긴다. 내가 있는 위치에서 하나님의 흔적을 드러내는 사람이다.

교회들마다 기도의 용사들이 있다. 누가 뭐래도 기도한다. 새벽이든, 금요일이든, 늘 그 자리에서 기도한다. 하루 이틀이 아니다. 그러니 그 기도가 그분의 삶에 흔적이 되었다. 지속성이 흔적을 남긴다.

어떤 분들은 섬김의 흔적을 만들어 가는 분들이 있다. 시체들만 보면 섬긴다. 어르신들 보면 섬기고, 누구라도 보면 섬긴다. 물 한잔이라도 떠다 주고, 집에 있는 김치라도 가져다준다. 일회성이 아니라 삶이다. 지속적인 섬김이 그분의 삶에 흔적이 된다.

성도가 믿음이 자라지 못하도록 하는 사탄의 방해가 있다. 이것저것 많은 시도를 하게 한다.

"기도 시작하겠습니다."

한 달. 아니면 6개월. 어느 순간 그 자리에 없다. 그러다가 어느 순간 열심히 봉사하는 자리에 있다.

그러다가 또 사라진다. 유효기간이 6개월이다. 지속성이 없으면 실력이 쌓이지 않는다.

음식점 하나만 봐도 알 수 있다. 맛있는 음식점의 특징, 오래된 음식점이거나, 주방장이 오랫동안 배운 분이다. 요리에 시간의 흔적이 들어 있다.

골목 식당이라는 프로그램 때문에 뜬 '연돈'이라는 돈가스집이 있다. 연일 매진이고, 매번 많은 사람이 줄을 서서 기다린다. 그 이유도 시간이다. 사장님이 17년 동안 요리를 하던 사람이다. 대충하지 않았다. 하나하나 최선을 다해서 하던 사람이다. 17년이 만든 시간의 흔적이, 오전 7시에 가도 못 먹을 만한 상황을 만들었다.

반짝하는 열심은 믿음이 아니다. 구약성경에 '예후'라는 사람이 나온다. 하나님이 북이스라엘의 왕으로 세우셨다. 그러면서 우상을 섬긴 북이스라엘의 이전 왕족을 멸하라고 하신다.

처음에 보면 대단하다. 하나님 말씀대로 왕이 된다. 그러고 나서 이렇게 말한다.

"이전 왕은 바알을 조금 섬겼으나, 나는 더 열심히 더 많이 섬기겠다."

2부 신앙은 가출이 아니라 탈출이다

"이제 내가 왕이 되었으니 큰 제사를 바알에게 드릴 것이다."

그렇게 전국에 있는 모든 바알 선지자들을 다 모아 놓고 죽인다. 그리고 바알의 신당에 가서 바알의 목상을 부수고 신당을 헐어 버린다.

얼마나 대단한가! 역대 이렇게 한 왕은 없었다.

예후. 이렇게 대단한 사람인데 이름을 아는 사람이 많지 않다. 반짝하고 중단했기 때문이다. 지속하지 못했다. 얼마 지나지 않아 본인도 우상 숭배에 빠진다. 시작은 정말 대단했다. 결말은 초라하다. 지속하지 못할 때 신앙이 초라해진다.

믿음의 흔적은 대단한 결단으로 만들어지지 않는다. 중단하지 않는 지속성이 만들어 낸다. 신앙생활은 잘하는 것보다 중요한 것이 오래 하는 것이다. 꾸준히 하는 것이다.

교사 잘하는 비결은 오랫동안 하는 것이다. 섬김 잘하는 비결은 오래 하는 것이다. 섬김의 방법보다 중요한 것이 시간으로 흔적을 만드는 것이다.

사역자들이 제일 힘들어하는 사람은 못하는 사람이 아니다. 못하겠다고 6개월마다 찾아오는 사람이다. 시작하고 나서 이런저런 상황과 일들이 많은 사람이다. 지속성이 없는 사람이 제일 힘들다.

믿음은 일상으로 증명한다

하나님은 아브라함에게 할례를 명령하신다. 몸에 하나님의 약속의 흔적을 남겼다. 삶에서 매일 약속을 기억하라는 말이다. 성도는 삶에서 하나님의 약속을 남기는 사람이다. 우리가 일상 삶 속에서 하나님의 흔적을 남길 때 우리 믿음은 성장하게 된다.

믿음은 자격증으로 증명하는 것이 아니다. 일상의 삶으로 증명한다. 일상의 삶에서 믿음이 쌓여 갈 때 믿음의 사람이 된다. 믿음이 우리 운명이 된다.

신앙이란
'저는 이대로가 좋아요'라고 버티는 오기를
내려놓고 '힘들어도 아멘 할 게요'라고
용기를 내는 것이다.
그때 하나님과 관계가 깊어진다.

6

아멘이 길을 만든다

신앙생활은 성장이 목적이다

믿음은 용기가 필요하다. 쉬웠던 적은 없기 때문이다. 처음 신앙생활 할 때는 예배 참석도 쉽지 않았다. 내 시간 포기하는 용기가 필요했다.

예배가 자연스러워졌을 때, 하나님은 성장하라고 말씀하신다. 어떤 분들에게는 성경을 읽으라는 도전이고, 어떤 이들에게는 이제 그만 용서하라는 도전이다.

말씀을 채워서 성장하고, 사랑을 채워서 성장하라고 말씀하신다. 어느 것 하나 쉬운 것이 없다.

하나님이 요구하시는 믿음의 삶은 언제나 용기가 필요하다.

그래서 신앙생활은 하면 할수록 편해지는 것이 아니다. 교회 생활은 익숙해지고 교회 생활은 편해질 수 있다. 그러나 믿음 생활은 아무리 해도 익숙해지지 않는다. 하나님은 새로운 성장을 요구하시기 때문이다.

신앙생활은 더 편해지는 것이 목적이 아니다. 성장이 목적이다. 신앙생활은 하면 할수록 편해진다고 말할 수 없다. 그러나 성장한다고 자신있게 말할 수 있다.

신앙생활이 버겁다고 느껴지는가?

잘못된 것이 아니다. 정상이다. 그 일을 통해 또 성장하게 될 것이다.

"목사님, 주일에 은혜 받고 가는데 자꾸 넘어져요."

너무 뻔한 고민인가?

반대로 질문하면 답이 나온다.

언제부터 순종하지 못한 문제 때문에 고민했는가?

그전에는 문제 때문에 넘어지고, 다른 사람 말 때

문에 넘어지고. 그런 고민투성이였다. 그런데 언제부터인가 순종하지 못한 것 때문에 힘들어한다. 성장하고 있다는 증거다.

또 어떤 분은 매일 성경 읽는 것이 어렵다. 말씀 묵상하는 것이 어렵다고 말한다. 숙제처럼 읽고 있어서 힘들다고 말한다. 그래서 제가 솔직하게 말씀드렸다.

"저는 큐티할 때마다 절반 이상은 시작 기도가 다음과 같습니다. '하나님, 큐티하려고 합니다. 숙제가 되지 않게 해주세요.' 저도 큐티가 숙제 같을 때가 많습니다."

목사도 큐티가 숙제 같고, 새벽기도도 숙제 같을 때가 있다. 버거울 때가 있다. 그러나 너무 익숙해져서, 하나님을 잊어버리는 것 보다, 버거워서 하나님 붙드는 것이 낫다. 그때 성장할 수 있기 때문이다.

믿음 생활이 버거운가?

성장의 때라고 확신하면 된다. 성장을 기대하면 된다. 그때 포기하지 않고 한 걸음 더 내딛으면 내 껍질이 깨지고 성장하게 된다.

껍질이 깨지면 성장한다

껍질이 깨지면 성장한다. 하나님은 아브라함이 99세 때 찾아오신다. 이때 아브라함은 또 하나의 껍질이 깨진다. 아브라함의 껍질은 힘이다. 힘이 있어야 많은 일을 할 수 있다고 생각했다. 하나님은 99세의 아브라함에게 아들을 약속하신다.

아브라함은 여기서 막힌다.

"하나님!! 지금 제 아내는 90세가 다 되었습니다."

"제 나이는 100세가 다 되었습니다. 저는 이제 힘이 없고, 아내도 힘이 없습니다."

아브라함이 생각하기에 하나님의 꿈도 내가 힘이 있어야 이룰 수 있다고 생각했다. 하나님 약속 이루는데 내 능력이 필수 조건이고 하나님 능력은 옵션이라고 생각한 것이다.

어느덧 시간이 흘러 99세가 되었다. 젊음은 사라졌다. 이제 내 능력으로 하나님 약속을 이룰 수 없게 되었다. 그러니 하나님 약속도 타협한다.

"이스마엘이면 족합니다."

더 이상 다른 역사는 없을 것 같다. 내 껍질에 갇히면 하나님도 작아 보인다.

그때 하나님은 아브라함의 생각을 전환시켜 주신다. 젊음으로 역사하는 것이 아니다. 하나님 능력으로 역사한다. 그러니 하갈의 아들 이스마엘에게 집착하지 마라. 사라를 통해 이삭을 직접 주시겠다. 젊음이라는 생각으로 가득 찬 아브라함의 껍질을 깨셨다.

껍질을 깨면 새로운 삶을 살게 된다

믿음은 껍질 깨기다. 내 생각의 껍질을 깨고 하나님 의지하며 살아간다.

모든 것을 갖춘 부자 청년. 대단한 능력이 있다. 돈도 많았고 권력도 있다. 종교적인 열심도 있다. 많은 것을 가졌다. 그런데 그 '열심'이 껍질 속에만 있었다. 내가 가진 돈, 물질이라는 껍질을 깨지 못했다.

많은 일을 하고, 많은 업적을 쌓아도 내 껍질을 못 깨면 그 믿음은 성장한 것이 아니다. 교회에 힘이 되는 사람도 열정이 있는 사람이지만, 교회에 짐이 되는 사람도 열정이 있는 사람이다. 내 껍질을 깨지 못한 열정은 늘 상처만 남긴다.

부자 청년처럼 모든 것을 갖추고 있지만, 껍질을 깨고 나오지 못하면 끝이다.

생명이 있는 유정란. 모든 것을 갖추었다. 그 안에는 새벽을 알리는 수탉의 울음소리도 들어 있고, 새로운 생명을 낳는 암탉의 풍요로움도 들어 있다. 생명이 있는 유정란은 모든 것을 갖추었다. 이제 마지막 남은 관문!! 껍질을 깨야 한다. 껍질을 깨고 나와야 진짜 생명이 시작된다. 껍질을 깨지 못하면 그대로 썩는다.

마지막 껍질을 깨지 못하고 돌아서는 부자 청년. 내가 가진 재물보다 예수님이 못해 보였다. 그 생각 껍질을 깨지 못하니 썩어죽는 인생 선택했다.

믿음은 껍질 깨기다. 내 생각의 껍질을 깨고 하나님 생각으로 날아오른다. 그때부터 새로운 삶을 살아가게 된다.

투박한 뱃사람. 기대되지 않는 삶이다. 거친 삶만큼이나 거친 목소리, 거친 몸짓이 부담스럽기만 하다. 그런 뱃사람 시몬이 예수님 만나 껍질이 깨졌다. 뱃사람 시몬이라는 껍질을 깨고 제자 베드로로 새롭게 태어났다. 껍질을 깨면 새로운 삶을 살게 된다.

'아멘'할 때 껍질이 깨진다

어떻게 껍질을 깰 수 있나?

'아멘!' 할 때 껍질이 깨진다. 하나님은 아브라함에게 '아멘'을 요구하신다. 너의 아내 사래의 이름을 사라라고 해라. 여러 민족의 어머니라고 불러라. 그것이 내 약속이다. 내 계획이다.

그때 아브라함은 하나님께 다른 대안을 제시한다.

"하나님 아닙니다. 그렇게는 안 될걸요?"

"그냥 이스마엘이나 살게 해 주세요."

현실적인 타협안을 제시한다.

그때 하나님의 말씀.

"이스마엘이 아니라 이삭이다!!"

타협을 거절하신다. 하나님은 한 번도 적당히 타협하지 않으신다. 예수님이 기도해도 타협하지 않으신다.

"하나님!! 십자가 말고 다른 길이 없나요?"

"하나님 이건 너무 어려우니까 다른 길이 없나요?"

하나님은 예수님과 타협하지 않으신다. 끝까지 하나님의 뜻을 따르는 삶을 기대하신다. '아멘'의 삶이다. 그래서 예수님은 생명까지 '아멘' 하신다. 십자가까지 '아멘' 하신다.

우리도 하나님과 타협점을 찾으려고 할 때가 있다.

"하나님, 꼭 예배 다 드려야 하나요?"

"바쁘면 빠질 수 있는 거 아닌가요?"

"예배만 드리면 되지, 소그룹 모임 꼭 해야 하나요?"

"그냥 적당히 신앙생활 하면 안 되나요?"

"꼭 그 사람까지 사랑해야 하나요?"

"꼭 내가 용서하고 사과해야 하나요?"

"하나님 이정도 죄악은 눈감아 주시지. 뭘 그렇게

빡빡하게 죄를 다 버리라고 하시나요?"

하나님은 아브라함의 '이스마엘' 계획을 승인하지 않으신다. 아브라함이 '이삭' 계획에 아멘 하기를 기다리신다. 우리는 타협점을 찾고 있을 때 하나님은 묵묵히 '아멘'을 기다리신다.

가끔씩 하나님이 정말 완고한 벽처럼 느껴진다. 어떨 때는 우리를 한없이 사랑하시는 것 같으면서도 어떨 때는 한발도 양보하지 않으시고, 우리가 하나님의 뜻에 순종하기를 기다리신다. 정말 바늘 하나도 들어가지 않는다. 적당한 타협도 되지 않는 완고한 벽이다.

하나님이 왜 그렇게 완고하시나?

하나님이 물러서지 않아야 우리 껍질이 깨지기 때문이다. '아멘'이라는 용기와 함께 우리가 깨져야 우리가 성장하기 때문이다.

원래 호두껍질은 호두보다 단단한 것으로 깨야 한다. 망치로 깨고 펜치로 깬다. 더 단단한 것으로 호두를 깬다. 우리 믿음 껍질도 결국 하나님의 단단하고 완고하심 앞에서 깨지게 된다. 딱딱한 하나님의 뜻에 '아멘'할 때 내 껍질이 깨진다.

'아멘'하면 하나님과 관계가 깊어진다

아멘의 상황에는 두 가지가 있다. 하나는 깊어지는 아멘이다. 하나님과 관계를 더 깊게 만드는 아멘이다. 또 하나는 넓어지는 아멘이다. 사람과의 관계가 더 넓어지게 만드는 아멘이다.

첫 번째 하나님과 관계가 깊어지는 아멘이다. 내 답을 내려놓고 하나님께 아멘하면 하나님과 관계가 깊어진다.

아브라함의 답은 '이스마엘'이다. 그런데 하나님의 답은 '이삭'이다. 아브라함이 '이스마엘'이라고 기도할 때 하나님은 '이삭'이라고 대답하신다. 아브라함은 여기에 '아멘'해야 한다. 내 답을 내려놓고 하나님 답을 받아들여야 한다. 그때 하나님과 깊어진다.

청년 한 명이 나에게 찾아와 말했다.

"목사님, 한 달 후, 며칠에 금요기도회 한 번 빠질 것 같아요"

하나님 앞에서 기도하는 시간을 소중히 여기는 청년이다. 그래서 금요기도회 한 번 빠지는 것도 쉽지 않은 결단이기에 미리 '허락'을 구하기 위해 찾아 왔다.

그러면서 이유를 설명하는데 학교에 친한 친구들과 여행을 가기 위해서라고 말했다. 친구들이 함께 여행을 가자고 할 때 주일은 안 된다고 했다. 그 말을 들은 친구들이 자기들 스케줄 다 변경하고 맞추어서 금-토 이렇게 변경했다. 그러니 더는 거절하기 힘들어서 가기로 했다는 것이다.

그런데 당시 나는 한 달 후 그날, 특별기도회를 계획 중이었다. 이후 그때가 특별기도회라는 것을 알게 된 그 청년은 고민이 시작되었다.

마지막까지 고민하다가 결국 금요기도회 참석하고 혼자 늦게 출발을 했다.

억울하기도 하고, 그러면서 감사하기도 하고 그러면서 한편으로 이렇게까지 신앙생활 해야 하나? 그런 마음이 들기도 하고. 그런데 그 이후로 삶을 보면 하나님과 깊어져 있다.

포기하는 것이 많아질수록 관계는 깊어지게 되어 있다. 예배의 자리로 나오면 예배 시간에 은혜 받아서 하나님과 깊어지는 것도 있지만, 내 시간을 포기하는 결단만으로도 하나님과 깊어지게 만든다.

저녁에 있는 기도회 나오는 것 쉽지 않다. 쉬워서 나오라고 말하는 것이 아니다. 8시, 9시에 시작하는 기도회. 게다가 말씀 마치고 나면 오래도록 기도한다. 한번 나오려면 많은 포기가 필요하다. 포기하는 시간이 깊어지는 시간이다.

오기로 버티지 말고 용기로 아멘하라

지금 아브라함에게 하나님이 요구하시는 아멘은 13년의 삶을 뛰어 넘으라는 아멘이다. 아브라함 나이 86세에 이스마엘이 태어났다. 그리고 아브라함이 99세에 여호와께서 그에게 나타나신다.

13년이 지났다. 86세에 갓 태어난 이스마엘이 이제 초등학교도 졸업할 나이가 되었다.

13년 동안 아브라함은 이스마엘을 보고 지냈다. 이스마엘이 처음 앉을 때, 이스마엘이 처음 걷기 시작할 때. 이스마엘의 모든 삶은 아브라함에게 기쁨이었다. 당연히 하나님의 약속이라 오해했다. 13년이라는 시간은 오해를 확신으로 만든다.

예수님을 따르던 제자들이 그랬다. 3년 동안 예수님을 따르면서 예수님을 오해한다. 대단한 정치적 왕이 되실 것이라고 생각한다. 그래서 예수님은 십자가에 올라가실 준비를 하시는데 자기들은 높은 자리에 앉을 준비를 한다.

'우리 중에 누가 장관이 될까?

누가 총리가 될까?

부총리는 누가 될까?

베드로가 일단 한 자리 하겠지?

그러면 그 다음은 누가 될까?'

자기들끼리 오해하고 자기들끼리 확신한다.

그러니 십자가를 지셔야 한다는 예수님의 말씀에 '아멘' 하지 못한다. 받아들일 수 없다. 3년 동안 쌓여진 오해가 예수님의 마음을 아프게 한다.

제자들은 3년인데 아브라함은 13년이다. 13년 동안 하나님을 오해하고 있다. 나 혼자 답을 내리고 그 답이 정답이라고 붙들고 있다. 하나님이 아니라고 말해도, '아닙니다. 하나님!! 이스마엘이나 살기를 원합니다.'

하나님이 기다리시는 아멘은 13년 동안 답이라고 생각하던 것을 내려놓으라는 아멘이다. 누구나 '자기 답을 붙들고 사는 시간'이 있다.

지금까지 하던대로 멈춰 있으면 여전히 '13년'이다. 오기로 버티면 '13년'이다. 그때 용기로 도전하면 '아멘'이다. 그때부터 하나님과 관계가 깊어진다.

결국 신앙이란 '저는 이대로가 좋아요'라고 버티는 오기를 내려놓고 '힘들어도 아멘 할 게요'라고 용기를 내는 것이다. 그때 하나님과 관계가 깊어진다.

삭개오는 '세리장' 삶을 용기 있게 벗어 버렸다. 오기로 버티지 않고 용기로 아멘했다. 순종했고, 새로운 삶에 도전했다.

예수님의 제자들과 바리새인의 차이는 용기냐? 오기냐? 그 차이다. 예수님이 부르실 때 아멘하면 용기다. 여전히 내 방법을 고집하면 오기다.

용기 내어 '아멘'할 때, 삶의 껍질은 깨어진다. 인생에 새로운 길이 열릴 것이다.

'아멘'하면 사람과의 관계가 넓어진다

두 번째는 넓어지는 아멘이다. 사람과의 관계가 더 넓어지게 만드는 아멘이다. 하나님이 아브라함에게 사라를 통해서 아이를 주겠다고 약속하셨다. 그때 아브라함은 믿지 못한다. 그리고 하는 말이 이스마엘이나 살게 해주세요.

그때 하나님은 '그 말도 들어주겠다'고 약속하신다. '이스마엘도 복을 주어 크게 번성하게 해주겠다'고 하신다.

이 말씀을 연구하면서 두 차례에 불편함이 찾아왔다.

첫 번째, '아브라함은 왜 말을 실수해서 이스마엘도 번성하게 하느냐?'

이것이 첫 번째 불편함이었다.

두 번째 불편함은 내 안에 있는 '편협함'이다. 처음에는 이삭의 후손들만 복 받으면 좋겠는데 '왜 이스마엘까지 번성하지'라고 생각했다.

그 다음에 이어지는 생각은 '왜 이스마엘이 번성하면 안 된다고 생각하지?'

'나는 왜 이렇게 편협하지?'

이런 불편함이 찾아왔다.

보편적으로 이스마엘의 후손들을 아랍권 사람이라고 말한다. 그러면서 이스마엘과 이스라엘이 대립하는 것을 부정적으로 말한다. 그런데 성경 어디에도 명시적으로 이스마엘이 이스라엘을 괴롭힌다고 말하는 구절은 없다. 가끔 부정적인 언급이 살짝 있다. 그러나 그것으로 모든 상황을 몰아가기에는 너무 억울하다.

더욱이 이스마엘이 아랍권이라서 부정적으로 이야기한다면, 우리가 오늘날 중동아시아를 선교할 이유가 사라진다.

이스마엘은 그 이름도 하나님이 지어 주셨다. '하나님이 들으신다'는 뜻이다.

얼마나 좋은 이름인가?

그런데 내 모습이 너무 편협했음을 깨닫는다.

우리 안에는 이미 '편 가르기'가 되어 있다. 나와 마음이 맞는 사람은 '이삭'이다. 나와 불편한 사람은 '이스마엘'이다. 이미 너무 좁아져 있다.

좁은 마음은 하나님의 역사도 방해한다

바울이 전도를 하면서 그렇게 핍박받은 이유는 좁은 이스라엘 사람들 때문이었다. 바울이 이방인들에게 복음을 전하는 것이 싫었다. 우리만 하나님의 백성인데, 예수님 믿고 나면 다 하나님 백성이 된다고 말하는 것이 싫었다. 좁은 마음은 하나님의 역사도 방해한다.

실제로 청년 청소년 시절 수련회 때 많이 경험한다. 수련회 가기 전에 조편성을 미리 한다. 그러면 함께 조를 하고 싶은 사람이 있고, 같은 조 되는 것이 꺼려지는 사람이 있다. 조를 편성하다 보면 꼭 어려워 보이는 한 조가 생긴다.

교회 열심히 안 나오는 친구 혹은 자기주장 강한 친구. 같은 조에 들어가기 어려워하는 아이들이 한 조가 되어 있는 경우가 있다. 우연이라고 말하기에는 그때 너무 미성숙했다. 학생들끼리 청년들끼리 조를 짜다 보니 그렇게 짜여졌다. 미성숙함이다.

그런데 꼭 수련회 마치고 1등을 하는 팀은 그 팀이었다. 큰 은혜 받는 조는 그 조였다. 나중에는 공식처럼 되어 버렸다. 안타까운 것은 그래도 매년 조를 짤 때, 저 역시도 그런 조에 자원해서 들어가지 못했다. 마음이 좁았다. 좁아도 너무 좁았다.

그러나 하나님은 좁지 않으셨다. 한없이 넓으셨고, 넓게 품는 이들에게 감당하지 못할 만큼 큰 은혜를 주셨다. 큰 사랑을 주셨다.

하나님의 역사는 넓게 벌리는 팔 위에 임한다. 넓게 벌리는 마음 위에 임한다. 한국교회가 교회 안에서도 더 넓은 마음으로 지체들을 품을 수 있기를 소망한다. 또한, 교회 밖에서도 내 이웃들에게도 넓은 마음으로 다가가기를 소망한다. 하나님의 꿈이다. 하나님의 마음이다.

요즘 성도님들의 가정에서 '달라지고 있다.' '변화되고 있다'는 이야기를 듣는다. 이제는 이웃들에게도 그 이야기 듣기를 소망한다. 더 넓어지면 이웃들이 알아본다. 우리는 이삭만 볼 때 하나님은 이스마엘도 보신다. 이스마엘도 사랑하신다. 내 마음의 껍질이 깨지면 영향력이 드러난다.

'아멘'하는 용기가 길을 만든다

믿음 생활은 어렵다. 그래서 믿음에는 용기가 필요하다. 깊어지기 위해서 하나님께 아멘하는 용기가 필요하다. 넓어지기 위해서 지체들을 마음으로 품는 아멘이 필요하다. 그 아멘이 우리 삶에 새로운 길을 만들어 줄 것이다.

바꿀 수 없는 100개의 상처가
우리의 미래를 결정하지 않는다.
한 가지 사명이
우리의 미래를 결정한다.

ㄱ
믿음은 뒤돌아보지 않는 것이다

후회를 두려워하지 마라

2018년 베스트 셀러가 된 책이 있다.『하마터면 열심히 살 뻔했다』라는 하완 작가의 책이다. 하완 작가가 마흔에 사표를 내고 쓴 책이다. 그 책에 이런 글이 있다.
"실패하면 어떻게 해요?"
그때 이렇게 대답한다.
"걱정 마세요. 엄청 후회하면 됩니다."
신선한 충격이었다. 그래!! 후회하면 된다. 엄청 후회하면 된다.

사람들은 후회하게 될까봐 선택을 두려워한다. 작가가 말한 "엄청 후회하라"라는 말 안에서 당당함이 보였다. 저자는 후회를 두려워하지 말라고 말한다.

잘못된 선택을 할 수는 있다. 그러나 거기에 붙잡혀 살지는 않겠다. 자신감이다. 방향을 수정해서 더 나은 이야기를 만들어 가겠다. 당당함이다. 후회하는 만큼 방향은 수정된다.

그러니 하완 작가의 후회는 1회용이다. '잘못 선택했네'라고 한번 후회하고 다시 일어서서 다른 길을 간다. 지난 선택에 발목 잡히지 않는다. 그러니 어떤 선택도 잘못된 선택이 아니다. 방향을 발견하게 된 선택일 뿐이다.

소설가 김영하 작가도 그와 비슷한 이야기를 한다. 우리는 낯선 곳에 가면 '어떤 음식점에 갈까' 고민을 한다. 음식점에 가서도 '어떤 음식 시킬까' 고민을 한다.

김영하 작가는 그런 고민이 없다고 말한다. 오히려 해외여행을 가면 아무 음식이나 시킨다. 현지에서는 메뉴판을 보고 무슨 음식인지도 모르고 주문한다. 그래서 맛있으면 '맛있어서' 좋고, 맛없으면 '글

쓸 재료'가 되어서 좋다고 한다.

도저히 먹을 수 없는 것. 글은 그런 것을 써야 재미가 있다. 맛없는 음식을 먹었다고 자책에 사로잡히지 않는다. 대신 새로운 이야기를 만들어 낸다.

과거에 매여 있으면 새로운 시작을 할 수 없다

좋은 선택을 위해 고민하는 것도 좋다. 그러나 더 좋은 것은 어떤 선택을 하든 그 선택을 좋은 선택이 되게 만드는 것이다. 그러기 위해서 필요한 마음. 과거에 발목 잡히지 않는 것이다. 아무리 좋은 선택도 과거에 매여 있으면 잘못된 선택이 된다.

복권에 당첨된 사람들 대부분이 불행한 삶을 사는 이유는 당첨에 매여 있기 때문이다. 그 맞추기 어렵다는 숫자 여섯 개를 맞추었다.

얼마나 좋은 선택인가?

그런데 진짜 문제는 너무 좋은 선택을 해 버렸다는 것이다.

복권당첨 되면 무절제하게 살아서 망한다고 생각한다. 그것도 맞다. 그러나 더 큰 문제는 복권 당첨에 매여 버리는 것이다. 그 당첨만 생각하느라 다른 일을 하지 못한다. 이제 그 사람은 평생 복권을 구입한다.

힘들면 힘들수록 복권 사게 되어 있다. 숫자 선택 잘해서 복권 당첨되었다. 그러나 그것에 매여 버리는 순간 새로운 삶을 살지 못한다. 과거에 발목 잡혀 있으면 새로운 시작을 할 수 없다.

마음이 떠나야 진짜 떠난 것이다

아브라함의 조카 롯은 소돔에서 나와 소알까지 간다. 더 이상 주저하지 않았다. 그도 한 번에 다짐한 것은 아니다. 계속 망설이고 계속 주저했다. 꾸물거리고 있었다. 그러나 주저할지언정 주저앉지 않았다. 천사들의 손에 이끌려 소돔에서 나온 이후에는 더 이상 소돔에 미련을 두지 않았다. 더 이상 뒤돌아보지 않았다.

그런데 롯의 아내는 그렇지 못했다. 성경에 보면 롯의 아내가 뒤를 돌아보아서 소금 기둥이 되었다고 말한다. 뒤돌아보아서 죽었다고 말한다.

하나님이 설마 고개 한번 잘못 돌렸다고 심판했겠는가?

돌아보다는 히브리어 원어는 "관심을 보이다"라고도 번역된다. 뒤돌아본다는 것은 거기에 마음을 둔다는 말이다.

롯의 아내가 돌린 것은 고개가 아니다. 마음이다. 전진해야 할 때 후진했다. 도망가야 할 때 주저앉았다. 마음은 소돔에 있었다.

신학자들은 롯의 아내가 소돔 사람이라고 말한다. 롯이 소돔에 머문 기간을 생각해보면 충분히 가능한 이야기다.

소돔에서 태어난 롯의 아내. 그녀는 소돔에 두고 온 추억이 있다. 편안하게 살았던 익숙함이 있다. 그 좋은 기억이 그녀의 발목을 잡고 있다. 얼른 소돔을 떠나야 하는데 과거에 발목 잡혀 떠나지 못한다.

천사가 손을 잡고 이끌어 내니 소돔성 밖까지는 나왔다. 그러나 마음은 소돔 안에 두고 왔다. 마음을

2부 신앙은 가출이 아니라 탈출이다

거기 두고 오니 천사가 손을 잡고 끌어내도 소용이 없다. 소알까지 들어가지 못하고 길에서 죽는다. 마음이 떠나지 않으면 아무것도 떠나지 못한 것이다.

커플들이 헤어지면 난감한 것이 받은 선물이다. 버리기도 그렇고 가지고 있기도 그렇고. 특히 커플링이다. 어떤 커플은 헤어지고 나서 선물과 커플링을 서로 돌려준다는 사람도 있다.

헤어진 애인에게 돌려받아야 하는 것은 반지가 아니다. 선물이 아니다. 마음이다. 마음을 챙겨서 와야 헤어진 것이다. 그렇지 않으면 다음 사람을 만나지 못한다. 만나도 결국 그 관계는 죽고 만다. 새로운 시작이 안 된다.

여행도 그렇다. 어떤 사람은 여행을 가서도 집에 있는 아이들 생각뿐이다. 마음은 집에 두고 몸만 나왔다. 그런 여행은 여행이 아니다.

또 여행지를 떠나 집으로 올 때도 마찬가지다. 캐리어 짐만 챙겨 오는 것이 아니라 마음도 챙겨 와야 한다. 소위 역마살이라고 하는 사람들. 여기저기 떠돌지 않으면 안 되는 사람들. 여행지에다 마음을 두고 와서 그렇다.

믿음은 하나님께 마음을 드리는 것이다

믿음은 하나님께 내 마음 드리는 것이다. 시간만 드리는 것이 아니다. 내가 주인되어 살던 마음을 하나님께로 옮겨야 진짜 믿음이다.

새가족들이 교회 나온 사연을 들어보면 쉬운 결정이 아니다. 결단이다. 배우자 눈치를 보면서 나오는 사람도 있고, 몇 번이나 환승해서 먼 길을 오는 분도 있다.

그렇게까지 하면서 예배 나오는 이유가 무엇인가?

교회에 돈이 있기 때문에 그런 것이 아니다. 교회에 마음이 있기 때문이다. 더 정확히 말하면 하나님께 마음이 있기 때문이다.

오늘날 사탄은 교회 오는 것은 막지 않는다. 교회는 가되 하나님께 마음을 두지 못하게 막는다. 때로는 관계에 마음 두게 만든다. 좋은 사람들, 좋은 만남에만 마음을 조준하게 만든다. 조준 실패다.

군대에서 사격할 때 꼭 지켜야 할 것이 있다. 총구가 앞으로 향해야 한다. 표적지가 있는 곳을 향해야 한다. 그런데 꼭, 이상한 사람들이 있다.

"총에 문제가 있습니다."

그러면서 총구를 사람들에게 돌린다. 엉뚱하게 조준한다. 그러면 반드시 사고 나게 되어 있다. 그래서 내가 군대에서 사격할 때는 앞에 고리를 걸도록 했다. 실탄을 넣고 나서 혹시나 생각 없이 움직이는 일이 없도록 고정시켜 놓는다.

관계에 마음을 조준하면 사고가 난다

신앙생활 하다가 언제 사고 나는가?

마음을 하나님께 조준하지 않고 관계에 조준할 때다. 교회 오면 좋은 사람들이 많다. 나를 사랑해주는 사람들이 많다. 더욱이 처음 교회 올 때는 대부분 나를 아끼고 사랑해주는 사람 때문에 온다. 그렇게 와서 하나님께 마음을 드려야 하는데, 사람에게 둔다. 내 마음 알아주는 사람에게 마음을 둔다. 그런 교회생활을 오래하면 관계의 힘은 쌓이는 데 믿음의 힘은 쌓이지 않는다. 그것이 사탄의 전략이다.

또 어떤 경우에는 응답에만 조준하게 만든다. 처

음에 문제 해결 때문에 교회 온다. 와서 문제 해결에만 마음을 두게 만든다. 나는 성도들의 문제를 위해 기도할 때마다 꼭 함께 기도하는 것이 있다.

"하나님!! 이 문제를 통해 하나님을 발견하게 하소서!! 문제 해결을 통해 하나님을 알게 하소서!!

시작은 문제이지만 마침은 하나님이게 하소서!!"

문제가 해결됨과 동시에 마음이 하나님에게 잘 조준될 수 있도록. 하나님께 마음을 고정해서 새로운 인생이 되도록 기도한다.

롯의 아내 마음은 소돔 안에 조준되어 있었다. 몸은 앞을 향하는 데 마음이 뒤쪽 소돔을 향해 있었다. 하나님께 온전히 마음을 드리지 못한다. 뒤돌아보는 인생이다. 그러니 생명을 향해 전진하지 못한다.

롯의 아내와는 다른 결말이 있어야 되지 않겠는가?

어떻게 해야 뒤돌아보지 않는 삶이 되는가?

추억은 추억일 때가 아름답다

 추억으로 살지 말고 추진력으로 살아야 한다. 롯의 아내만 소돔에 추억이 있는 것이 아니다. 롯에게도 소돔은 추억이 있는 곳이다. 그곳에서 아내를 만났다. 그곳에서 두 딸을 키웠다.

 때로는 포로로 잡혀가는 아픔도 있었지만, 다시 회복되는 기쁨도 있었다. 소돔에는 눈물 자국도 있고, 웃음소리도 들어 있다. 추억이 깃든 곳이다.

 그러나 추억만 붙들고 있으면 새로운 삶이 시작되지 못한다. 여행을 실패하는 비결. 추억 붙들고 가는 여행이다. 어릴 때 맛있게 먹었던 음식. 어릴 적 즐거웠던 기억. 그 추억 생각하며 여행을 가면 반드시 실패하게 된다. 추억은 추억일 때가 아름답다.

 결혼 생활에서 신혼 초에 가장 많이 싸우는 것이 엄마에 대한 추억과 아빠에 대한 추억이다. 남편은 아내에게서 엄마를 기대한다. '엄마처럼 해주기를' '혹은 우리 엄마와 다르기를.'

 아내도 그렇다. '우리 아빠처럼 해주기를' 아니면 '우리 아빠와 다르기를.' 과거의 추억에 빠져 상대방을 보는 순간 결혼 생활이 삐걱거린다. 추억에 기대어 살면 새로운 삶이 시작되지 못한다.

신앙생활은 추진력으로 한다

신앙생활은 추억으로 하는 것이 아니다. 추진력으로 한다. 사도 바울이 쓰임 받은 이유는 추억에 얽매이지 않았기 때문이다.

바울은 추억이 화려한 사람이다. 바리새인 중의 바리새인이었다. 오늘날로 말하면 말씀 다 지키며 살았다는 말이다. 또 가말리엘이라는 유명한 랍비에게서 배웠다. 학벌이 좋았다.

그러나 거기에 얽매이지 않았다. 좋았던 과거에 얽매이지 않았다. 잘못된 과거에도 얽매이지 않았다. 그는 예수님을 핍박했던 사람이다. 예수 믿는 사람 죽이는 것을 당연하게 생각하던 사람이다. 그런 잘못된 과거를 부끄러워했지만 과거에 얽매어 살지는 않았다.

"나는 핍박하던 사람이야!! 나는 예수님을 미워하던 사람이야!!"

그러면서 위축되지 않았다. 부끄러운 만큼 더 앞으로 나아갔다.

비록 과거는 부끄러웠지만, 과거에 발목 잡히지 않고 앞으로 전진했다. 복음을 더 전하고, 더 열심히 사역을 했다. 하나님이 주신 사명의 기회를 놓치지 않았다.

추억에 매여 있으면 사명을 놓친다

롯은 살아날 기회를 놓치지 않았다. 소알까지 열심히 달렸다. 두 딸을 붙들고 소알까지 갔다. 내가 사는 길이고, 가족을 살리는 사명의 길이었다. 추억에만 매여 있으면 사명으로 살아갈 기회를 놓친다.

이불킥이라는 말이 있다. 이불을 속에 들어가 잠들기 전. 낮에 했던 실수가 생각난다. 쥐구멍이라도 찾고 싶다. 부끄러워 어쩔 줄 몰라, 이불을 찬다. 그래서 이불킥이다.

잠들어야 할 시간에 이불 차느라, 긴 밤을 하얗게 새워버렸다. 지난 삶을 붙드느라 내일 삶을 놓쳐버렸다.

목사님들과 공부를 하다보면 많이 듣는 말이 있다.

"박 목사 나이가 부러워."

40대 초반이라는 나이가 부럽다는 말이다. 다른 말로 40에 공부하지 않았던 지난 삶이 후회된다는 말이다.

그중에 후회로 만족하는 분들이 있다. 여전히 후회만 하고 부러워만 한다. 책을 펴기보다 머리를 쥐어뜯는다. 과거를 쥐어뜯는다. 딱 거기까지다. 엄청 후회했으니 그것으로 만족한다. 행동으로 이어지지 못한다. 이런 분들은 이불을 차는 것이 아니라 기회를 차는 분들이다.

어떤 목사님은 60세가 되어가는 나이에 공부를 하겠다고 세미나에 오셨다. 양평 용문교회 목사님이다. 남부럽지 않게 목회하는 분이다. 용문에서 제일 큰 교회로 알고 있다. 성품도 좋으시고, 말씀도 좋으시고, 지금까지 목회를 잘 해오셨다.

그런데도 공부하려고 세미나에 오신다. 오는 것으로 그치지 않고 책을 읽고 글을 쓰고 노력 한다. 지난 추억에 매여 살지 않는다. 남은 삶을 위해 전진한다. 추진력 가지고 달려간다. 다른 이유가 아니다. 남은 삶을 하나님이 주신 사명의 기회라고 생각하기 때문이다. 그 사명 잘 감당하기 위해서다.

다음 화살에 집중하면 이전 화살에 마음 쓰지 않는다

카피라이터 징철은 이렇게 말한다.

> 활을 쏜 후에는 몸을 쓰지 말라. 효과가 없어서가 아니다. 당신의 시선이 꽂혀야 할 곳은 날아간 화살이 아니라 다음 화살이기 때문이다.

다음 화살에 집중하는 사람은 이전 화살에 마음 쓰지 않는다. 마음 쓸 시간이 없다. 소알 땅으로 달리기 바쁜 롯은 뒤돌아볼 여유가 없다.

베드로는 언제부터 제대로 된 신앙을 가지게 되었나?

추진력을 발휘할 때다. 설교를 시작했을 때부터다. 많은 사람 앞에서 복음을 전하고, 예수님을 증거하기 시작하면서부터다. 새로운 삶을 추진력 있게 시작할 때 이전 삶이 사라진다.

가족에 대한 상처가 많은 사람이 있다. 그 상처에서 벗어나기 시작할 때는 기도하기 시작할 때다. 상처 준 가족을 위해서 기도하기 시작할 때다. 과거의 아픔을 사명의 기회로 생각하며 기도할 때 새로운 삶이 된다. 그래서 성도에게 언제나 상처는 사명이다.

성경 공부를 하면서 한 분이 이런 고백을 했다.

> 저는 이전에 많은 사람에게 상처를 줬던 사람입니다. 말로 상처를 많이 줬던 사람입니다. 그런데 점점 더 깊이 깨닫는 것은 하나님의 은혜입니다. 저도 하나님이 아니면 살 수 없는 사람인데, 누구를 판단하고 누구를 정죄하겠습니까?

그 고백이 입술의 고백으로만 끝나지 않는다. 연약한 지체들을 먼저 살피고 먼저 돌본다. 지난날의 과거 붙들고 사는 대신, 새로운 사명 기회를 붙들고 산다.

'남은 삶'을 추진력 있게 살라

하나님의 사랑은 과거를 묻지 않는다. 예수님은 제자들에게 과거를 묻지 않는다. 베드로에게 지금까지 어떻게 살아왔는지 묻지 않았다. 너 얼마나 고기 잘 잡는지 묻지 않았다. 예수님은 베드로의 '지난 삶'에 관심을 갖지 않으신다. '남은 삶'에 관심을 가지신다. '앞으로 사람 낚는 어부가 되게 해주겠다.' 추억대신 사명을 말씀하신다. 추진력있게 살라는 말이다. 그 사명이 베드로를 변화시켰다.

성도는 새로운 피조물이다.

> 그런즉 누구든지 그리스도 안에 있으면 새로운 피조물이라 이전 것은 지나갔으니 보라 새 것이 되었도다(고후 5:17).

새것 되어 사는 삶은 뒤돌아 보지 않는 삶이다. 그러기 위해서 필요한 것. 추억이 아니라 추진력이다. 과거가 아니라 사명이다.

'지난 삶'에 매여 있으면 '남은 삶'을 놓치게 된다. 바꿀 수 없는 100개의 상처가 우리의 미래를 결정하지 않는다. 한 가지 사명이 우리의 미래를 결정한다.

믿음은 뒤돌아보지 않는 것이다. 하나님이 주신 남은 삶을 바라보는 것이다.

자신을 속이지 않으면 우리가 할 수 있는 말은
하나밖에 없다.
"하나님!! 어떻게 합니까?"

8
신앙은 가출이 아니라 탈출이다

남성들의 공공의 적

대한민국 남성들의 공동의 적. 모든 남편과 남자 친구의 적이 있다. 바로 최수종 씨다. 그의 별명은 이벤트의 왕. 아내에게 지속적으로 이벤트를 해준다. 많은 남성이 이 사람 때문에 이벤트 준비하느라 고생한다.

최수종 씨는 아내 하희라 씨의 생일에 함께 등산을 한다.

무슨 생일날 등산인가?

그래도 열심히 올라갔더니, 산 정상에 세팅되어

있는 케이크와 풍선. 산 정상에서 부르는 세레나데. 그 전날 친구들과 함께 올라가서 준비했다고 한다. 친구들은 무슨 잘못인가.

그 외에도 물속에서 고백하는 수중 이벤트. 영상을 준비한 깜짝 이벤트. 많은 사람이 한번쯤 해봤을 이벤트. 유명한 이벤트 원조는 대부분 최수종 씨다.

언제부터인가 결혼 전에 특별한 프로포즈가 필수 코스가 되었다. 결혼하기로 다 결정하고, 결혼 날짜 잡고, 예식장 잡고, 그리고 나서도 중간에 꼭 이벤트 해줘야 한다. 최수종 씨가 큰 역할을 했다. 그러니 대한민국 남성들의 공공의 적이다.

삶은 이벤트가 아니라 일상이다

많은 사람이 감동 받는 것을 기대한다. 감동을 주지 못하는 배우자에게 섭섭해한다. 그러나 행복은 이벤트에 달려 있는 것이 아니다. 일상에 달려 있다. 오늘을 살아가는 힘은 이벤트 감동이 아니다. 일상의 감사다.

눈물 흘리게 하는 한 번의 감동보다, 그냥 가만히 생각해보면 고마운 이 사람. 순간순간 화나게 하고 속상하게 만들지만 가만히 생각해보면 매순간 참 고마운 이 사람. 특별한 이벤트는 없지만 일상에서 힘이 되어주는 사람이다. 삶은 이벤트가 아니다. 일상이다.

이벤트에 목메는 인생은 어리석은 인생이다. 복권에 목메는 인생, 이벤트에 목숨 거는 삶이다. 일상을 무시하고 한방에 인생 역전하겠다. 그 끝은 한방에 인생 망치는 삶이 된다.

어떤 TV 프로에서 하희라 씨에게 물었다.

"최수종 씨에게 마음이 설레세요?"

깜짝 놀라면서 "제. 제. 제가요?"

전혀 그렇지 않다고 대답했다. 그때까지 설레면 병원에 가서 검사를 받아 봐야 한다. 삶은 이벤트가 아니다. 일상이다.

신앙도 일상이다

 신앙도 일상이다. 이벤트가 아니다. 한 번 은혜 받고, 한 번 응답 받고. 이런 것으로 되는 것이 아니다.

 천사가 롯을 소돔에서 건져 주었다. 롯은 한번 큰 은혜 받았다. 큰 응답 받았다. 그러나 롯의 신앙은 거기서 끝나버렸다. 소돔에서 나와 도망가는 롯. 그는 도망갈 때 소알이라는 성으로 가겠다고 말했다. 그때 하나님은 허락하셨다. 그가 그곳에서 살 수 있도록 해주셨다. 그런데도 하나님을 신뢰하지 못한다.

 소알에 들어간 롯은 여전히 두려워한다. 여전히 불안해한다. 롯에게는 소돔에서 건져 주신 사건이 한 번의 이벤트일 뿐이다. 그는 일상에서 하나님을 의지하지 않는다. 그의 삶에서 하나님은 아무런 영향력이 없다.

 한 번 응답을 받고, 한 번 살아나는 이벤트는 있었다. 매일 하나님을 붙드는 일상은 없었다.

 반면에 그의 삼촌 아브라함은 달랐다. 아브라함이라고 매번 신실했던 것은 아니다. 하나님이 약속하신 가나안 땅에 도착했다. 그런데 그곳에 기근이 들자 약속의 땅을 뒤로하고 애굽으로 갔다. 하나님을 믿지만 현실에서는 넘어지기도 했다. 당장 어려움이 찾아오고 아픔이 찾아오면 마음이 흔들릴 수 있다. 잘못된 결정을 하기도 한다. 그러나 하나님이 그를 애굽에서 건져 주신 이후에는 하나님 붙들고 산다.

죄로 다시 돌아가는 것은 가출이다

아브라함과 롯은 선명하게 대조가 된다. 롯은 소돔에서 건짐 받았지만 소알에서 사는 것은 두렵다. 자신의 힘만 의지하려고 해서 그렇다. 자기중심이라는 죄의 근본에서 완전히 탈출한 것이 아니다. 어려움이 잠잠하면 다시 자기중심으로 돌아간다.

이런 걸 탈출이라고 하지 않는다. 가출이라고 말한다. 가출의 특징은 돌아갈 집이 있는 것이다. 여전히 그곳에 내 부모님이 있고, 내 방이 있고, 내 터전이 있다. 결국 집으로 돌아간다.

그러니 롯은 소알에 있지 못하고 산으로 간다. 하나님을 붙들지 않는다. 산으로 가서도 굉장히 부끄러운 일을 당한다. 술에 취해서 인사불성이다. 무슨 일이 일어났는지 알지도 못하고, 알고 싶지도 않다. 하나님은 그를 죄의 도시 소돔에서 불러내셨는데, 그의 삶은 죄에서 조금도 떠나지 못하고 있다.

롯이 소돔에서 나온 것은 죄에서 탈출이 아니다. 잠시 가출일 뿐이었다. 그의 집은 여전히 죄이고, 자기중심이다.

탈출은 자기중심에서 떠나는 것이다

반면 하란을 떠나온 아브라함은 가출이 아니라 탈출이다. 아버지의 집, 우상을 섬기는 생활에서 하나님을 섬기는 삶으로 완전히 탈출했다. 연약해서 애굽으로 내려간 적은 있지만, 하나님을 떠난 적은 없다. 계속 하나님을 붙들고 산다.

넘어진다고 해서 중심이 변한 것은 아니다. 다시 하나님께로 간다. 넘어질수록 하나님께로 간다. 아브라함은 자기중심에서 탈출했다. 그의 집은 자기중심이 아니다. 하나님이다.

하나님을 믿게 된 사람들이 공통적으로 고백하는 것이 있다.

"이제는 제 인생에 하나님이 없으면 못 살 것 같아요."

우리 교회도 이런 고백하시는 분들이 있다. 지금까지 사역하면서 이런 고백을 여러 번 들었다.

학생들이 그렇게 고백하기도 하고, 청년들이 그렇게 고백하기도 한다. 집사님들 중에서 예수님을 믿고 나서 그렇게 고백하는 분들을 본다. 이제 자기중심에서 탈출해서 그렇다. 하나님 품이 내 집이 되어 버린 사람들이다.

안타깝게도 하나님 없이도 잘 살아가는 교인들이 너무나 많다. 삶에서 결정하고 행동할 때 하나님 없이 행동한다.

월요일, 하루 종일 살아도 내 생각에 갇혀 사는 사람들이 너무 많다. 하나님이 무엇을 기뻐하시는지 잘 생각나지 않는다. 아무런 찔림 없이 결정한다. 누가 옆에서 하나님 이야기를 해주지 않으면 하나님에 대해서 생각도 안 난다. 입술에서 나오는 말들에서 기독교 냄새는 나도 하나님 냄새는 나지 않는다. 아직 내가 주인 된 삶에서 탈출하지 못한 삶이다.

거짓 자백은 고백이 아니다

성경은 믿음을 가출이라고 말하지 않는다. 탈출이라고 말한다. 인생에 주인이 바뀌었다고 선언한다.

> 네가 만일 네 입으로 예수를 주로 시인하며 또 하나님께서 그를 죽은 자 가운데서 살리신 것을 네 마음에 믿으면 구원을 받으리라(롬 10:9).

내 인생에 주인이 예수님이 되어야 구원을 받는다는 말이다. 타협할 수 없는 선언이다. '입으로 시인한다.' 이 말은 결코 마음에도 없는 말을 따라한다는 의미가 아니다. '거짓 자백'이 아니다.

'예수님을 믿는다고 말해야 구원 받으니까 그냥 따라해!!'

이렇게 강요로 따라하는 거짓 자백이 아니다.

최근에 거짓 자백이 이슈가 되었다. 화성 연쇄 살인범이 이춘재 씨라고 밝혀졌다. 그런데 그가 자신의 범죄를 자백하면서 문제가 생겼다. 여덟 번째 사건도 자신이 했다고 말했다. 그런데 이미 여덟 번째 사건 범인이 잡혀서 감옥에 있었다. 윤모 씨다.

그 진술 때문에 경찰들이 난리가 났다. 더욱이 재판 과정에서 윤모 씨가 고문에 의한 거짓 자백이라고 말했던 것까지 드러났다. 무엇이 진실인지 우리는 잘 모른다. 그러나 확실한 것은 만약 강요로 인한 거짓 자백했다면 그것은 고백이 아니다. 거짓일 뿐이다.

구원을 강요하는 교회

지금은 소천하신 옥한흠 목사님이 이런 말씀을 하셨다.

요즘 교회에는 구원의 확신을 강요하는 이상한 상황이 되어 버렸습니다. 그저 입으로 예수 믿는다고 하고 교회만 다니면 다 예수 잘 믿는 사람인 줄 알고, 구원의 확신을 강요합니다. 그래서 이렇게 말합니다. 당신 구원의 확신이 없으면 당신 믿음이 그만큼 잘못된 것입니다. 구원의 확신을 가져야 합니다. 확신을 가져야 합니다. 구원의 확신을 강요합니다. 그래서 자기가 신앙이 좋고 구원을 받는다고 착각에 빠진 사람들이 한두 명이 아닙니다.

이것은 고백이 아니라 강요된 거짓이다. 교회 오래 다니면 다닐수록 이런 강요에 넘어가 버린다. 어릴 때는 교회 선생님이 강요한다.
"자~ 선생님 따라 하세요."
그러면서 영접 기도를 강요한다.
학생 청년 시절에는 수련회 가서 담당 교역자가 강요한다.
"이 밤에 예수님을 믿기로 다짐하는 학생들, 청년들은 손들어 표시해 주세요. 지금부터 제 고백을 따라 하시면 됩니다."

그렇게 강요된 구원으로 밀려오다가 어느새 집사, 권사, 장로, 목사, 직분자가 되었다. 이제는 자기 자신이 강요한다.

'예수님이 내 인생에 주인은 아니지만 나는 예수님을 믿고 있어.'

또 주변에 신비한 체험을 구원의 증거라고 강요하는 경우도 있다. '방언을 한다.' '응답을 받았다.' 그런 신비한 체험을 하고 나면 구원을 받았다고 강요한다.

성경은 기적이 구원의 징표라고 절대 말하지 않는다. 하나님의 역사는 맞다. 그러나 그 역사를 경험했다고 모두가 예수님을 내 인생에 주인으로 모시는 것은 아니다.

예수님은 선명하게 말씀하신다.

> 그날에 많은 사람이 나더러 이르되 주여 주여 우리가 주의 이름으로 선지자 노릇 하며 주의 이름으로 귀신을 쫓아 내며 주의 이름으로 많은 권능을 행하지 아니하였나이까 하리니 그때에 내

가 그들에게 밝히 말하되 내가 너희를 도무지 알
지 못하니 불법을 행하는 자들아 내게서 떠나가라
(마 7:22-23).

롯은 소돔이 멸망하는 가운데서 건짐을 받았다.
천사가 도와주었다. 소알까지 가는 동안도 지켜주었
다. 기적이고 응답이다. 그러나 자기중심성에서 여
전히 탈출하지 못하고 있다. 응답받고도 자기중심에
서 탈출하지 못했으면 믿음이 아니다.

내 모습을 인정하라

죄에서 가출이 아니라 탈출하는 신앙이 되기 위해
어떻게 해야 하는가?
자기중심에서 완전히 탈출해서 하나님이 인생에
주인이 되는 삶을 살려면 어떻게 해야 하는가?
내 신앙의 모습을 솔직히 인정하는 것이다. 외면
하지 않고 직면하는 것이 필요하다.
아버지와 성관계를 맺으려는 롯의 딸. 롯의 딸들

은 죄를 직면할 자신이 없었다. 그래서 아버지를 술에 취하게 만든다. 자신들도 부끄러운 행동이라는 것을 알고 있다. 떳떳하지 못하다는 것을 알고 있다. 그러면 돌이키면 되는데 그러지 않는다. 그냥 눈을 감는다. 현실을 외면하려고 한다.

"예수님을 인생의 주님으로 모시는 것이 믿음이다." "내가 인생의 주인이라면 믿음이 아니다." 이 말씀은 타협할 수 없는 진리인데, 현실을 외면하려고 한다. 잘못된 신앙을 돌이키려 하지 않는다.

길을 모르는 사람은 무지한 사람이지 어리석은 사람이 아니다. 어리석은 사람은 길을 알려줘도 계속 틀린 길로 가는 사람이다.

술에 취한 롯처럼 오늘날 많은 교인이 자기 확신에 취해있다. 예수님이 주인이 아닌데도 '나는 영접했다'라고 말한다. 내 믿음이 가짜라는 것을 인정하기 싫어서 자기 확신에 취해 산다.

'종교적 열심'에 취한 바리새인

예수님 당시에 바리새인들이 그런 모습이었다. 그들은 종교적 열심에 취해 있었다. 성경도 많이 안다. 존경받는 종교 지도자들이다.

얼마나 열심히 종교 생활을 하는지 모른다. 십일조도 하고, 성경에 적혀 있는 말씀도 실천했다. 행동으로 이야기 하면 그런대로 모양을 갖추고 있었다. 이만하면 그래도 '안 믿는 것은 아니다'라고 말할 만하다. 자신의 종교적 열심에 취해있다.

그런데 예수님이 오셔서 하시는 말씀은 다르다. 자신들은 겉모양이면 된다고 생각했는데 예수님은 계속 마음이라고 말씀하신다. '모양을 갖춘 껍데기 말고, 너희들의 중심을 보라'라고 말씀하신다.

> 화 있을진저 너희 바리새인이여 너희가 박하와 운향과 모든 채소의 십일조는 드리되 공의와 하나님께 대한 사랑은 버리는 도다(눅 11:42).

박하와 운향과 채소. 보잘것없이 작은 것이다. 그

런 것까지 다 지키려고 한다. '종교적 열심'은 대단하다. 껍데기는 화려하다. 그러나 그 마음은 그렇지 않았다.

그런 모습에 대한 예수님의 평가는 냉정했다.

> 독사의 자식들아 너희가 어떻게 지옥의 판결을 피하겠느냐(마 23:33).

마음에 예수님이 주인이 아닌 사람은 아무리 종교적 업적과 열심을 가지고 있어도 지옥의 판결을 피할 수 없다. 예수님의 기준은 선명했다.

눈 감지 않을 때 진짜 내 모습이 보인다

이 선명한 말씀 앞에 바리새인들의 반응은 외면이었다. 수많은 기적을 보고도 외면이었다. 오히려 이렇게 말한다. 예수님의 기적을 보고 이렇게 말한다. "귀신들려서 기적을 행한다."

현실을 외면하고 싶다. 직면하기 싫다. 그러니 이

심각한 문제를 생각하려고 하지 않는다.

오늘 하룻밤만 술에 취하자. 오늘 하룻밤만 눈감자.

가끔씩 설교를 듣고 본인의 불신앙이 들켜 버려서 민망해하시는 분들이 있다. 그런 분들 중에 용기 있게 나에게 말씀하시는 분들이 있다. 대단한 용기다. 멋진 모습이다.

그때마다 내가 하는 권면이 있다. 너무 빨리 그 모습에서 벗어나려고 하지 마라. 그 깨달음 한번으로 변하는 믿음도 있지만, 그때부터 신앙의 몸부림을 시작해야 하는 사람도 있다.

그런데 말씀을 직면하고 나서도 금세 눈을 감아 버리는 사람도 있다. 롯의 딸들이 아버지에게 술을 마시게 하고 취하게 만들 듯이 금세 자신의 종교적 열심에 취해서 신앙의 본 모습을 보지 않는다.

직면이란 내 인생에 주인이 여전히 나 자신이라는 것을 깨닫는 것이고 인정하는 것이다. 종교적 '열심' 취하지 않고, 신학적 논쟁으로 덮어버리지 않고, 다른 사람의 강요나 설득에 흔들리지 않는 것이다. 더 이상 눈감지 않을 때 진짜 내 모습이 보인다.

나만 그런 것이 아니다

롯의 둘째 딸은 죄에 눈감아 버린 언니에게 이런 말을 듣는다.

"어제는 내가 죄를 범했으니 오늘은 니가 죄를 범하라."

둘째에게는 좋은 핑계가 있다.

"언니도 그렇게 했다."

"나만 그런 것이 아니다."

우리나라 부패지수가 180개 나라 중에서 45위다. 2019년 1월 발표된 통계다. 부패한 나라일수록 자주 하는 말이 있다.

"왜 나만 가지고 그러는데."

"저 사람도 잘못했잖아."

"다들 그러고 있잖아."

부모님들이 자녀에게 듣는 속 터지는 말 중에 하나가 "친구들도 공부 안하는데 뭘" 친구들이 안 한다고 해서 시험 기간에 놀고 있는 모습이 옳은 행동으로 바뀌는 것은 아니다. 다들 범죄한다고 해서 내 죄가 사라지는 것은 아니다.

복음의 빛 앞에 선명하게 서면 '내 인생에 주인이 나 자신임'을 알게 된다. 그때 둘째 딸의 핑계가 나온다.

"다들 이렇게 신앙생활 하잖아. 내가 주인 되어 살기도 하고, 은혜 받으면 하나님 생각도 하고 다들 그러잖아."

100명 중에 98명이 "종교적 열심"으로 살고 있다고 해서 성경의 기준이 수정되지 않는다. 그것은 가출이지 탈출이 아니다.

하나님이 우리에게 먼저 원하시는 것은 '직면'이다. 하나님 눈을 피하지 않는 직면이다. "종교적 열심" 뒤에 숨지 않는다. 10년이든 20년이든 교회 다닌 기간 뒤에 숨지 않는다. 다른 사람들의 모습을 핑계 삼아 숨지 않는다.

하나님!! 어떻게 합니까?

말씀 앞에 보여진 내 모습 그대로 여전히 '자기중심'이라는 집에서 떠나지 못한 그 모습을 인정하는 것. 그것이 시작이다.

그렇게 자신을 속이지 않으면 우리가 할 수 있는 말은 하나 밖에 없다.

"하나님!! 어떻게 합니까?"

"이렇게 오래 동안 교회를 다녔는데, 아직도 저는 제가 제 인생의 주인인 것을 어떻게 합니까?"

"복음의 빛이 선명하게 선포되어질 때마다 적나라하게 보이는 모습이 부끄러워 숨으려고 하는 저를 어떻게 합니까?"

"자꾸 아니라고 말하고 포장하고 싶어지는 저를 어떻게 합니까?"

그 말이면 충분하다. 원래 구원은 우리가 얻어내는 것이 아니다. 하나님의 선물이다.

믿음은 자기중심에서 벗어나지 못한 채 살아가는 가출도 아니지만, 엄밀하게 말하면 우리 힘으로 완전히 뛰쳐나올 수 있는 탈출도 아니다. 우리 힘으로 벗어나는 탈출이 아니다. 하나님이 건져주시는 구출이다. 하나님이 구출해 주셔야 진짜 벗어나게 된다. 가출도 탈출도 아닌 구출이다.

믿음의 출발은 많이 하려고 하는 것이 아니다. 아무것도 할 수 없다는 것을 인정하는 것이다. 그것이 직면이다.

눈물의 경고

고(故) 옥한흠 목사님의 "눈물의 경고"라는 설교가 있다. 그 설교에서 구원의 인플레이션 현상을 이야기한다.

> 현대교회가 안고 있는 큰 고민거리가 하나 있습니다. 그것은 구원 인플레이션 현상입니다. 인플레가 뭔지 아시잖아요. 돈을 자꾸 많이 찍어내면 돈의 가치가 없어져서 인플레가 되잖아요. 교회서 구원을 너무 손쉽게 이야기하는 거예요.

내면의 주권이 변하지 않고 함부로 구원을 이야기하는 '구원의 인플레이션 현상.' 그러니 구원이 감격이 되지 않는다. 내가 죄인이라는 것을 철저히 깨닫지 않았는데 하나님의 은혜가 은혜일 수 없다.

나는 이 제목으로 우리 교회 성도들에게 설교하면서 이렇게 말했다.

> 제가 사랑의교회 담임목사로서 권면 드립니다. 혹여나 오늘 말씀을 듣고 '나는 여전히 내가 인생에 주인으로 살고 있다'는 생각이 드시거든 더 이상 눈감지 마시기 바랍니다. 너무 빨리 은혜라는 교리로 덮어 두지 마시기 바랍니다. 우리 모두는 그 누구도 구원 받을 수 없는 존재입니다. 그러니 그냥 그 모습 그대로 하나님에게 기도하시기 바랍니다. 하나님 어떡하지요? 하나님 어떡하지요? 그때 하나님의 은혜가 우리를 덮어 주실 것입니다.

'눈물의 경고' 설교는 마지막에 질문으로 끝난다.
"여러분, 십자가의 원수입니까 아니면 십자가의 연인입니까?"

지금 우리의 신앙 상태는 자기중심에서 가출입니까?

탈출입니까?

내가 주인입니까?

하나님이 주인입니까?

3부
정말 순종할 수 없는 일을 하라시면 어떻게 하나?

9. 하나님의 시나리오에는 엑스트라가 없다
10. 정말 순종할 수 없는 일을 하라시면
    어떻게 하나?
11. 성도의 죽음은 마무리가 아니라 이어짐이다

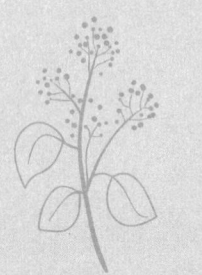

세상은 우리 소리에 귀를 기울이지 않는다.
사람 앞에서 아무리 눈물 흘려도 소용없다.
우리가 큰 소리로 울어도 들어주지 않는다.
그러나 하나님은 우리의 작은 한숨 소리도 들으신다.

9
하나님의 시나리오에는 엑스트라가 없다

여백이 디자인이다

'미니멀 라이프'라는 이름으로 '버리기'가 유행했다. 불필요한 옷을 버리고, 불필요한 물건을 버리고, 최소한만 가지자. 그것이 미니멀 라이프다. 그 유행은 아직도 끝나지 않았다.

새로 나온 아이폰, 새로 나온 스마트폰. 특징이 있다. 점점 버튼이 사라진다. 겉으로 보기에는 아무것도 없어 보인다. 없애고 없애서 가장 단순한 디자인을 만든다. 미니멀 디자인이다.

최신 유행 스마트폰만 그런 것이 아니다. 요즘 나오는 가전 제품의 특징이 미니멀 디자인이다. 기능을 위한 가장 최소한의 것만 남기고 단순하게 만든다.

20세기 뛰어난 건축가로 알려진 독일의 건축가 '미스 반 데어 로에'(Mies van der Rohe)가 남긴 말은 아직도 유명하다.

"Less is more." 빼는 것이 진짜 더하는 것이다. 여백도 디자인이라는 말이다.

나같은 사람은 여백을 디자인이라고 생각하지 않는다. 벽에 뭐라도 걸어야 될 것 같고, 빈 공간이 보이면 뭐라도 채워 넣으려고 한다. 그렇게 걸고, 세우고, 쌓고, 채우고 나면, 집과 거실은 그렇게 지저분해진다. 초보는 여백을 견디지 못한다.

대가들은 여백의 힘을 안다. 세계적인 기업의 회장 빌게이츠는 일 년에 한 번 생각 주간을 갖는다. 아무 것도 안하고, 누구와도 만나지 않는 여백의 시간이다. 그 시간 동안은 오로지 생각하는 데만 시간을 쏟는다. 여백의 시간이다.

여백의 시간을 통해 사람이 세워진다

하나님이 사람을 쓰시기 위해 여백의 시간을 만드실 때가 있다. 모세에게 미디안 광야 40년은 여백의 시간이다. 처음에 그는 애굽 공주 밑에서 자랐다. 화려한 삶이었고 잘 나가는 삶이다. 누구에게나 떳떳하게 명함 내미는 삶이다.

그런데 미디안 광야 40년 동안은 내밀만한 명함이 하나도 없다. 미디안 광야. 보이는 것은 황량한 바위와 양들이 먹을 수 있는 풀. 그마저도 듬성듬성 있다. 아무도 없다. 사람들에게 잊혀져 간다. 여백의 장소다.

그곳에서 모세가 할 수 있는 것은 아무것도 없었다. 철저한 여백의 시간이다. 그동안은 인생의 주인공으로 살았는데 이제 철저히 엑스트라의 삶이 되어 버렸다.

그러나 가장 엑스트라 같다고 느끼는 그 순간에 하나님은 모세를 부르셨다. 모두에게 잊히고 있을 때 하나님은 주목하고 계셨다.

아무도 없는 여백의 장소 광야. 내가 초라해지는 여백의 시간. 그 시간 동안에도 모세는 엑스트라가 아니었다. 하나님 시나리오의 주인공이다. 오히려 그 여백의 시간이 주인공을 빛나게 만들어 줄 준비의 시간이다. 작품을 만드는 여백의 디자인이다.

다윗을 왕으로 만든 것도 승리의 시간이 아니라 패배의 시간이었다. 다윗은 골리앗을 물리치고 왕이 된 것이 아니다. 사울 왕에게 쫓기고 쫓겨 도망 다닌 이후에 왕이 되었다.

다윗의 데뷔는 화려했다. 소년 다윗이 장수 골리앗을 물리쳤다. 모두에게 환영 받으며 모두에게 인정받았다. 명함 내밀만한 일이다.

그러나 그 이후에 사울 왕에게 쫓겨 다녀야 했다. 중심부에서 멀어져서 광야를 전전하면서 살아야 했다. 동굴을 전전하며 살아야 했다. 화려함의 기름기는 쫙 빠지고, 초라한 현실 앞에 던져졌다. 주인공에서 순식간에 엑스트라가 되었다.

사람들에게는 잊혀져 가는 시간이지만, 하나님은 여전히 기억하고 계셨다. 하나님 시나리오에서 다윗은 엑스트라가 아니다. 여백의 시간 동안 하나님과 깊어졌고, 하나님을 더 붙드는 시간이 되었다.

인생에서 엑스트라같이 여겨질 때가 있다. 내 삶, 내 인생이 점점 주변으로 밀려가는 것처럼 느껴진다. 사람들에게 주목받지 못하고, 아니 하나님께도 주목 받지 못한다고 느껴지는 시간이 있다. 기도해도 응답도 안 되고, 답답함 연속의 시간이 있다.

그러나 하나님은 여전히 나를 보고 계신다. 여전히 주목하고 계신다. 하나님 손에 붙잡힌 성도는 그냥 스쳐 지나가는 엑스트라 인생이 아니다. 하나님이 주목하고 계시는 주인공 인생이다.

주인공에서 엑스트라가 된 이스마엘

주인공 삶에서 한 순간에 엑스트라 삶으로 바뀐 사람이 등장한다. 이스마엘이다. 이삭이 태어나기 전까지 이스마엘은 그 집안에 유일한 아들이다.

그 집안 사람들이 이스마엘만 본다. 이스마엘이 웃으면 같이 웃고, 이스마엘이 울면 다들 어쩔 줄 몰라 했을 것이다. 비록 큰 어머니 사라의 눈치를 보기는 했겠지만, 그래도 어린 이스마엘에게 하루하루는 행복한 시간이다. 14살이 되던 해 동생 이삭이 태어나기 전까지는 말이다.

14살이 되던 해. 그때부터 더 이상 주인공 삶이 아니었다. 더 이상 사람들은 자신에게 집중해주지 않았다. 동생 이삭만을 보고 있었다. 엑스트라 인생이 되었다.

이삭이 젖을 떼던 해. 그 당시 젖을 떼던 시기를 생후 24개월 정도로 본다. 그러면 이스마엘의 나이는 16살이다. 이삭을 위해 잔치가 열린다.

다들 건강한 이삭을 보며 기뻐하고 축하해줄 때, 이스마엘은 그 시간이 싫었다. 축하받는 이삭도 싫고, 축하해 주는 사람들도 싫고, 바보같이 동생을 질투하고 있는 자기 자신도 싫었다. 그러니 이스마엘의 표정과 이스마엘의 행동이 고울 리 없다. 싫은 티를 내고 아기 이삭을 놀리고 괴롭혔다.

그런데 사람들의 반응이 너무 달라졌다. 자신을 보는 눈은 싸늘했고, 어머니 하갈은 황급히 자기 손을 이끌고 이삭에게서 떼어 놓으려고 했다.

모든 것이 달라졌다. 이제 더 이상 이스마엘은 주인공이 아니었다. 철저하게 엑스트라였다. 더욱이 그날 이후로 집에서도 쫓겨난다.

큰어머니 사라는 그렇다 쳐도 아버지 아브라함만큼은 그럴 줄 몰랐다. 아버지에 대한 미움도 생기고, 자기 자신에 대한 후회도 생긴다.

'어젯밤에 그러지 말걸. 동생 이삭에게 잘해 줄 걸.'

자신 때문에 엄마 하갈까지 쫓겨나게 되었다는 사실에 이스마엘은 절망했다. 이스마엘과 하갈은 가죽 부대에 담긴 물과 떡만 받은 채 쫓겨났다.

이삭이 태어나기 전에는 세상 모든 것이 자기 것인 줄 알았는데, 이제 가진 것이라고는 한 가죽 부대의 물과 수중에 있는 떡이 전부다. 모든 것이 끝났다.

하나님 앞에서는 엑스트라가 아니다

아니 끝나지 않았다. 이스마엘의 눈에는 물과 떡이 전부였다. 그것밖에 보지 못했다. 그러나 이스마엘에게는 물과 떡이 전부가 아니다. 그에게는 하나님이 계신다. 자신은 보지 못하고 있었지만 하나님은 이스마엘을 보고 계셨다.

하나님은 절망하고 있는 하갈과 이스마엘에게 찾아오셔서 이렇게 말씀하신다.

"무슨 일이냐? 두려워하지 말라. 저기 있는 아이의 소리를 들었다."

우리가 절망하는 이유는 물과 떡밖에 안 보이기 때문이다. 내가 가지고 있던 화려함은 다 사라지고 초라한 현실만 보이기 때문이다. 건강도 이전 같지 않고, 새로운 것을 시도하는 것도 어렵다.

청년들에게 안정적인 직장은 이제 너무 높은 담이 되어 버렸다. 눈 앞의 현실만 보면 좌절과 절망이다. 나에게 호의적인 환경은 아무것도 없는 것처럼 보인다. 자꾸 주변으로 밀려나는 심정이다. 심지어 집안에서도 나는 엑스트라처럼 보인다.

내 상황, 내 성격, 내 모습. 전부 내가 가지고 있는 떡과 물이다. 이것으로는 아무것도 할 수 없다. 내 능력. 정말 보잘것없는 떡과 물이다.

그러나 성도에게는 떡과 물만 있는 것이 아니다. 내 힘과 내 방법, 내 계획만 있는 것이 아니다. 하나님이 계신다. 하나님이 우리를 주목하고 계신다. 세상에서는 엑스트라처럼 보이지만, 하나님의 시나리오에서 나는 주인공이다.

'저기 있는 아이의 소리를 들었다.'

세상은 우리 소리에 귀를 기울이지 않는다. 사람 앞에서 아무리 눈물 흘려도 소용없다. 우리가 큰 소리로 울어도 들어주지 않는다. 그러나 하나님은 우리의 작은 한숨 소리도 들으신다.

이스마엘은 아브라함의 집에서는 엑스트라였을지 모른다. 그러나 하나님 앞에서는 결코 엑스트라가 아니였다. 그러니 하나님이 그를 버리지 않으셨다.

야누스 코르작

나치의 유대인 학살을 기억하는 홀로코스트 추모관에 "야누스 코르작 정원"이 있다. 그곳에는 한 남성이 어린이들을 끌어안고 있는 작품이 전시되어 있다.

제2차 세계대전 당시 폴란드의 작은 마을에 독일군이 들왔다. 군인들은 마을로 진입했고, 또 일부는 학교로 향했다. 학교에 도착한 독일군은 학생들 가운데 드문드문 섞여 있는 유대인 아이들을 끌어내려고 했다.

겁에 질린 아이들은 야누스 코르작(Janusz Korczak) 선생님에게 매달렸다. 코르작 선생님은 자신 앞으로 몰려온 유대인 아이들을 두 팔로 모두 꼭 안아 주었다. 아이들을 태울 트럭이 학교로 진입하자 아이들은 더욱 안타깝게 매달렸다.

독일군은 코르작 선생님 곁에 매달려 있는 아이들을 떼어놓으려고 했다. 그러자 코르작 선생님은 군인을 막아서면서 말했다.

"가만두시오. 나도 함께 가겠소."

"선생님이랑 같이 가자 선생님이 같이 가면 무섭지 않지?"

코르작 선생님은 그렇게 아이들을 따라 트럭에 올랐다. 독일군이 선생님을 끌어내리려고 하자, 이렇게 말한다.

"내 어찌 사랑하는 아이들만 보낼 수 있단 말이오. 같이 가게 해주시오."

그렇게 선생님은 유대인이 아님에도 불구하고 강제 수용소로 끌려가 트레뮬렌카 가스실 앞에 섰다. 그리고는 겁에 질린 아이들의 손을 꼭 잡고, 한 명 한 명 눈빛으로 안심시키며 아이들과 함께 가스실로 들어갔다. 홀로코스트 추모관에 있는 동상은 그 모습을 기억하기 위한 것이다.

독일군에게는 여러 유대인 아이들이었지만, 코르작 선생님에게는 한명 한명 소중한 제자다. 그 누구 한 명도 스쳐 보낼 엑스트라가 없었다. 그러니 끝까지 포기하지 않는다. 아이들의 두려움을 조금이라도 덜어주기 위해 기꺼이 자신의 목숨을 버렸다.

이스마엘이 집에서는 버림받았다. 어머니 하갈도 아무런 도움을 주지 못했다. 하갈이 할 수 있는 일이라고는 멀리 떨어져서 우는 것밖에 없다. 더 해주고 싶어도 해줄 것이 없어 포기할 수밖에 없었다.

그때 하나님은 이스마엘을 포기하지 않으신다. 하갈의 눈을 열어 샘물을 보게 하시고 다시 살 수 있는 길을 열어주신다. 우리가 포기한 자리에서 하나님은 새로운 길을 열어 주신다.

내몰림은 축복의 서막이다

하나님이 포기하지 않으시기 때문에 내몰린 자리가 새로운 출발의 자리가 된다.

사역을 열심히 하다 보면 소망을 볼 때 보다 절망을 볼 때가 더 많다. 열심히 하려고 하면 할수록, 내 힘으로 할 수 있는 것은 없다는 것을 깨닫는다.

그때부터는 기도도 포기하는 기도가 나온다.

'하나님, 하나님이 해주셔야 합니다. 하나님이 역사하셔야 합니다. 성도들이 하나님을 만나는 것, 성도들이 하나님을 붙드는 것 그것은 제 힘으로 할 수 없습니다. 안됩니다.'

그렇게 포기하는 기도를 하고 나면 오히려 마음이 편하다. 하나님 앞에서 하는 포기는 절망 대신 소망이다.

어쩌면 하나님이 하갈과 이스마엘에게 기대하고 계신 것은 포기인지도 모른다. 이스마엘은 아브라함의 집에 있었으면 상속권을 포기하지 못한다. 계속 그것 붙들고 씨름하고 그 속에서 갈등을 만들며 살아간다.

이스마엘에게 내몰림은 불행한 결말이 아니라 축복의 서막이다. 하나님이 내 기도를 듣고 계신다는 것을 경험하는 기회였다.

'나도 하나님께 약속받은 사람이구나.'

이것을 깨달을 수 있는 계기가 되었다.

한 목사님의 간증을 듣게 되었다. 그분은 청년 때부터 굉장히 열심히 봉사하고 헌신하던 분이다. 사역도 정말 열심히 했다. 성도들이 '아프다.' 그러면 함께 했고, '슬프다.' 그러면 달려갔다.

그런데 사역을 하면 할수록 한계를 느끼기 시작했다. 뭔가 교회 분위기는 좋은데, 성도들이 하나님과 깊어진다는 느낌을 가질 수가 없었다. 그때 선배 목사님 한분이 이런 이야기를 하셨다.

"복음이 답이야!!"

"성도들에게 복음을 전해!!"

처음 드는 생각이 '그러면 내가 복음을 전하지 뭘 하고 있다는 말인가?'

'지금 성도들을 얼마나 사랑하고 있는데, 얼마나 헌신하고 있는데. 내가 뭘 더 해야 하지?'

그런데 사역을 하면 할수록, 사역을 돌아보게 되었다.

'내가 복음을 전하고 있는 것이 맞나?'

'그냥 성경 이야기만 전하고 있는 것은 아닌가?'

의문이 들기 시작하셨다.

그러면서 나중에는 '그러면 나는 복음을 알고 있나? 나는 복음 앞에 서 본적이 있나?'

'청년 시절부터 열심히 헌신하고 봉사하고, 교회 일을 열심히 하는 것이 신앙이라고 착각하고 있지는 않았나?'

사역에 한계를 만나고, 답이 없는 상황에 내몰림을 경험하면서 오히려 하나님 앞에 서게 되었다. 오히려 하나님과 깊어지게 되었다. 그러면서 이렇게 고백하셨다.

'이제야 내가 복음 앞에서 섭니다. 이제야 진짜 회심 앞에 섭니다.'

그 고백의 용기가 멋있었다. 그 몸부림이 아름다웠다. 사역이 한계로 '내몰림' 당하자, 진짜 사역을 시작하는 '출발'의 축복이 되셨다.

신앙은 내몰림의 자리에서 깊어진다

신앙은 내몰림의 자리에서 깊어진다. 선지자 예레미야는 '내몰림'을 예언했다. 예레미야는 소가 메는 멍에를 가져다가 자기 목 위에 메고 이렇게 말한다.

"우리는 이제 바벨론에 잡혀갈 것이오. 이렇게 멍에를 메게 될 것이오."

그때 '하나냐'라는 거짓 선지자는 예레미야의 손에서 멍에를 뺏어서 꺾어 버렸다. 그러면서 이렇게 말한다.

"하나님께서 바벨론의 멍에를 이처럼 꺾어 버리겠다고 말씀하셨습니다. 걱정 마십시오!! 괜찮습니다. 문제없습니다."

하나냐의 말은 거짓말이다. 결국 예레미야의 예언대로 되었다. 나라는 망하고 백성들은 바벨론의 포로로 끌려간다. 그런데 포로로 잡혀간 이스라엘은 '내몰림'이 결말이 아니었다. 그 곳에서 진짜 회개가 시작되었다. 말씀이 회복되고 신앙이 회복되었다. 내몰림이 축복의 서막이 되었다.

신앙생활을 하다 보면 내 뜻대로 안 되는 일을 많이 만난다. 열심히 해보고 싶은데 넘어진다. 그러나 성도의 삶은 내몰림이 끝이 아니다. 넘어진 만큼 믿음이 깊어지고 포기한 만큼 하나님이 붙들어 주신다.

우리는 하나님의 시나리오에 엑스트라가 아니라 주인공이다. 엑스트라는 총알을 안 맞아도 죽지만, 주인공은 비행기에서 떨어져도 살아난다. 비행기가 폭발할 때, 마침 낙하산이 있고, 낙하산 없이 뛰어내리면 나무에 걸리고, 걸릴 나무가 없으면 바다에라도 떨어져서 산다. 그때 마침 지나가던 배가 구해주고. 그 곳에서 회복하고 다시 일어난다. 그런 사람이 주인공이다.

이스마엘이 내몰린 그곳에 하나님이 계셨다. 그 울음 소리를 하나님이 들으셨다. 하나님은 그를 주목하고 계셨다.

가끔 성도님들이 이런 질문을 던진다.

'목사님은 신앙생활이 어렵지 않으세요?'

'목사님도 가끔 절망할 때가 있나요?'

'목사님도 가끔 좌절할 때가 있나요?'

그 질문에 이렇게 대답합니다.

'아니요.'

'가끔 절망하는 것이 아니라 매번 절망합니다.'

'어쩌다 순종이 어려운 것이 아니라 매번 순종이 어렵습니다. 그래서 저는 저를 신뢰하지 않습니다. 하나님을 신뢰합니다. 저를 붙들어 주시고 회복시켜 주시고, 인도해 주시는 하나님을 신뢰합니다.'

우리는 하나님 시나리오의 주인공이다. 내몰린 자리에서, 좌절의 자리에서 하나님을 경험하게 될 것이다.

불행해지려고 노력하는 사람은 없다.
열심히 노력하는데 방향을 알지 못해 방황할 뿐이다.
그래서 하나님은 순종을 말씀하신다.
방향 수정이 필요하기 때문이다.

10

정말 순종할 수 없는 일을 하라시면 어떻게 하나?

순종하기 힘들면 거절하라

아브라함의 모습을 보며 가장 부담스러울 때가 이삭을 번제로 드렸을 때다. 하나밖에 없는 독자 이삭을 번제로 드리는 아브라함. 우리는 생각만 해도 가슴이 답답하고 힘든데. 아브라함은 아침 일찍 그 길을 출발했다. 순종의 길을 나섰다.

이 말씀을 대하면서 한 가지 질문이 생긴다.

'정말 순종할 수 없는 일을 하라고 하시면 나는 어떻게 해야 하나?'

'우리는 어떻게 해야 할까?'

어쩌면 우리가 매일 가지고 있는 질문이다.

'정말 순종하기 힘들 때는 어떻게 하지?'

나는 성도들에게 이렇게 말한다.

"거절하십시오."

"정말 순종하기 힘들다면 거절하십시오."

정말 순종하기 힘든 일을 하나님이 말씀하시면, 정말 하기 힘들고, 할 수 없고, 또 하기 싫다면. 일단 거절해도 된다.

성경에는 아브라함처럼 아침 일찍 순종의 길을 떠난 사람도 있지만, 도저히 못하겠다고 거절한 모세 같은 사람도 있다. 성경에는 등장하자마자 순교한 스데반 같은 사람도 있는 반면에 아합과 이세벨의 칼이 무서워 도망간 엘리야의 모습도 있다. 한 번에 순종한 사람도 있지만 처음에는 거절한 사람도 많다.

하나님이 모세에게 찾아와서 말씀하셨다.

"너 애굽의 바로 왕에게 가서, 이스라엘 백성들을 풀어주라고 말하라!"

모세의 첫 대답은 거절이었다.

"하나님, 사람 잘못 보셨습니다."

"제가 누구이기에 바로 앞에 갑니까? 저는 못갑니다."

하나님이 기드온을 찾아오셨을 때도 기드온은 불평부터 한다.

"하나님이 우리와 함께 계시면 이런 일이 있을 수 있습니까?"

납득이 안된다고 하나님께 항변한다. 모세도 그렇고 기드온도 그렇고 처음에는 거절했다.

목사도 거절할 때가 많다

나 역시 하나님께 한 번에 순종할 때보다 처음에는 거절할 때가 많다. 더 사랑하라는 말씀을 하실 때도, 괜히 혼자 억울해서 거절하고, 더 성실하게 살라는 말씀을 하실 때도 게으름 때문에 나도 모르게 삶으로 거절한다. 한 번에 순종할 때보다 처음에는 버티고 거절할 때가 더 많다.

청년 때는 목사님들을 보면 정말 대단해 보였다. 그 힘든 목회의 길을 가는 대단한 순종을 한 분들로 보였다. 그래서 사역자의 길에 들어서면 웬만한 말씀에는 쉽게 순종하게 될 줄 알았다. 그런데 막상 전도사가 되어도 여전히 순종이 어려웠다.

목사 안수 받고 나면, 이제 돌아갈 길이 없으니까 그래도 조금은 바울처럼 살 줄 알았다. 베드로처럼 살 줄 알았다. 걸음마다 순종의 흔적이고, 입술에서는 감사와 찬양의 고백만 넘칠 줄 알았다. 그런데 바울에 대해서 많이 설교를 해도 바울과 같은 신앙이 되지 못하고, 베드로 이야기 그렇게 많이 해도 베드로 같은 믿음은 지금도 어렵다.

우리의 신앙은 순종의 걸음 보다 거절의 일상이 더 많다. 아브라함 같을 때 보다 모세 같을 때가 많다.

그러니 아브라함처럼 '이삭 드리는 삶' 못한다고 너무 위축되어 있을 필요가 없다. 너무 겁먹을 필요도 없다. 우리가 순종을 한 번 거절했다고 하나님이 우리를 거절하지는 않으시기 때문이다. 한 주간 순종이 너무 어려워 실천을 포기해도 하나님은 우리를 포기하지 않으시기 때문이다.

하나님은 우리를 포기하지 않으신다

요나는 니느웨로 가라는 하나님 말씀이 너무 싫었다. 내가 너무 싫어하는 니느웨. 그 땅이 회복되는 것이 싫었다. 그냥 멸망해버렸으면 좋겠다는 마음이었다. 미워하는 감정을 조절하는 것은 어렵다. 그래서 하나님이 회개를 선포하라고 하셔도 순종하지 않았다. 니느웨와 정반대인 다시스로 가는 배를 타버렸다.

그런데 하나님은 포기하지 않으신다. 배를 타고 도망가는 요나를 찾아오셔서, 결국 그 배에서 내리게 만드신다. 장소는 바다 한가운데.

바다에 던져져서 물속에 꼬르륵 가라 앉은 요나. 하나님은 큰 물고기를 준비해서 요나를 삼킨 후 기어이 니느웨에 옮겨 놓으신다. 요나는 순종을 거절해도 하나님은 요나가 순종할 때까지 포기하지 않으신다.

예수님이 돌아가신 후 모든 것이 끝났다고 생각한 제자들. 그중에는 엠마오로 걸어가던 두 제자도 있었다. 그들은 더 이상 믿음을 붙들고 있을 힘이 없었다. 신앙생활 열심히 해야겠다는 의욕도 꺾였다.

그런 두 제자를 예수님이 찾아오셨다. 하나님은 한 번에 순종 잘하는 사람만 찾아 가시는 것이 아니다. 낙심하고 뒤돌아 서 있는 제자들도 찾아오신다. 이미 예루살렘을 떠나 다른 곳으로 가는 이들. 마음은 교회 여러 번 떠난 이들. 그들에게도 찾아오신다.

어떤 집사님의 고백이다.

"말씀이 성가셔서 그냥 순종하고 말아야지."

정말 순종하기 싫어서 거절했는데, 하나님은 포기할 줄도 모르고 계속 말씀하신다.

그러니 정말 순종할 수 없는 일을 말씀하시면 일단 거절하라. 거절해서 해결되면 거절하라. 한 번 거절했는데 하나님이 더 말씀 안하시는 일이면 거절해도 된다. 아니 거절해야 한다. 그건 하나님이 시키시는 일이 아니기 때문이다.

계속 말씀하시면 방향 수정이 필요하다는 신호다

그런데 계속 거절해도 끝까지 말씀하시면 그건 우리 삶에 방향 수정이 필요하다는 신호다. 네비게이션에 목적지를 입력하고 갈 때, 잘못된 길로 가면 계속 경로를 재탐색한다.

경로를 이탈했다고 하면서 바른길을 알려 준다.

언제까지 그러나?

방향 수정해서 바르게 갈 때까지다.

하나님이 아브라함에게 이삭을 드리라고 말씀하신 것은 아브라함 삶에 방향을 바꿔주시기 위함이다. 이삭에게로 향하던 마음을 하나님께로 향하도록 방향 수정을 원하시는 것이다.

하나님은 아브라함에게서 소중한 것을 빼앗으시려는 분이 아니다. 잘못 가고 있는 길을 수정해서 갈 수 있도록 알려주시는 분이다.

TV 골목 식당 프로그램에 평택역 뒷골목 떡볶이집이 나온 적이 있다. 그 떡볶이집 사장님은 23년간 떡볶이를 한 분이다. 백종원 대표가 먹어 보고 한 평가다.

"지금까지 먹어 본 떡볶이 중에 제일 맛이 없어유."

그런데 사장님은 선뜻 인정하기 어려웠다. 그동안 직접 만들고 개발한 양념장을 썼다. 자부심도 있었고, 노력도 했다. 그래서 백종원의 지적을 받아들이는 대신 자신의 이야기를 했다.

"오전 11시에 갓 만든 떡볶이는 맛있다. 그것을 드셔 봐야 한다."

다음 번에는 11시에 맞춰서 찾아가서 먹었다. 역시 결과는 '맛없다.' 백종원이 즉석에서 레시피의 변화를 요구했다. 사장님이 만든 양념장을 줄이고 마트에 파는 고추장을 더 집어넣었다. 먹어 본 사장님의 첫마디.

"더 맛있네요."

그렇게 판매한 떡볶이는 '완판'이었다. 완전히 다 팔렸다. 그리고 사장님은 국자에 붙어 있던 떡볶이 하나 집어 먹고는 우셨다.

"내 양념장에 실망했어. 정성을 많이 들여왔는데 그게 아니니까."

길을 알지 못한 채, 그저 걸어가야만 했던 세월이

억울했고, 지금이라도 답을 찾아가는 것이 다행이라 흘린 눈물이다.

불행해지려고 노력하는 사람은 없다. 열심히 노력하는데 방향을 알지 못해 방황할 뿐이다. 그래서 하나님은 순종을 말씀하신다. 방향 수정이 필요하기 때문이다.

어쩌면 우리가 붙들고 있는 삶은 23년간 고민하며 만든 '떡볶이집 양념장'인지도 모른다. 이것이 비법이고, 이것이 노력이고, 이것이 지난 삶이다.

사장님도 한 번에 방향 수정을 한 것은 아니다. 비록 한 번이지만 백종원의 평가를 받아들이지 않았다. 그런데 백종원은 포기하지 않았다. 11시에 다시 한번 찾아가서 말해 주었다. 그 사장님을 위해서 다시 한번 말해 주었다.

정말 순종하기 어려운데도 하나님은 계속 말씀하신다. 매번 다른 말씀을 들어도 항상 똑같은 순종을 요구하신다. 예배에 대해서, 헌신에 대해서, 사랑에 대해서. 지속적으로 말씀하신다.

그렇게 말씀하시는 이유가 있다. 방향 수정이 필

요하기 때문이다. 진짜 심판은 내버려 두심이다. 방향 수정이 필요한데 내버려 두면 그것이 심판이다. 계속 말씀해 주시는 것이 사랑이고, 축복이다.

그러니 너무 순종하기 어려운 일을 말씀하시면 처음에는 거절하라. 그런데도 계속 말씀하시면 나를 사랑하신다는 증거다. 내 삶에 방향 수정이 필요하다는 증거다.

방향 수정하면 새로운 삶이 된다

인생은 누구나 방향 수정이 필요하다. 직진만으로는 제대로 된 여행이 될 수 없다. 모세는 미디안 광야에서 애굽으로 방향을 수정했기 때문에 사명을 감당하는 삶이 되었다. 40년 동안 익숙한 미디안 광야를 떠나 바로왕에게 가는 길은 두려운 길이다. 가고 싶지 않은 길이다. 그래서 거절하고 거절했지만, 도저히 거절하지 못해 순종했다. 그 결과 새로운 삶이 되었다.

아브라함의 삶도 방향 수정의 삶이었다. 하란에

머물러 있으려는 그에게 하나님은 떠나라고 하셨다. 안주하는 인생에서 떠나는 인생으로 방향을 수정했다. 가뭄이 들어 애굽으로 내려갔을 때도, 하나님이 그의 방향을 수정해 주셨다. 애굽이 아니다. 가나안 땅이다.

아브라함은 자신의 삶 곳곳에서 하나님의 인도하심을 경험했다. 그 모든 과정이 쌓이고 쌓였기 때문에 이삭을 드리는 삶도 가능했다.

경험이 쌓여야 순종도 가능하다

여러 번 경험이 쌓여야 순종도 가능하다. 원래 초보는 방향 수정에 서툴다. 차선 변경이 어렵고 좌회전 우회전 하는 것이 어렵다.

청년 때 교회 선배 한명이 경차를 샀다. 마티즈. 당시에는 마티즈가 나온 지 얼마 되지 않았을 때다. 막상 운전 면허를 따고 차는 샀는데 운전은 완전 초보. 차선 변경을 못해서 계속 직진했다. 그 차를 함께 타고 갔던 사람들. 걸어서도 25분이면 갈 길을 차 타고 40분이 걸렸다. 초보라서 그렇다.

그래도 계속 운전대를 붙잡고 나가더니 이제는 운전 베테랑이다. 1차선, 2차선 차선 변경도 잘하고 좌회전, 우회전 방향 전환도 잘한다.

인생의 방향 전환이 어려울 때도 마찬가지다. 말씀 붙들고 계속 현장으로 가면 결국 방향 수정이 가능해진다. 계속 말씀 앞에 서면 결국 방향 수정하게 된다.

인신 제사 금지

또 하나, 하나님은 순종을 통해 우리를 만들어 가신다. 아브라함이 이삭을 드리는 사건을 통해 하나님은 예배를 알려 주신다.

하나님은 아브라함에게 이삭을 바치라고 하셨다. 그러나 결국 그것을 막으신 분도 하나님이시다.

"아브라함아!! 아브라함아! 그 아이에게 네 손을 대지 말라! 그에게 아무 일도 하지 말라!"

다급하게 부르시고는 절대 이삭에게 손대지 말라

고 하신다. 그리고 숫양을 준비시켜 주셨다.

종교학자들은 이 사건을 굉장히 의미 있는 사건이라고 말한다. 하나님께서 사람을 제물로 드리는 '인신 제사'를 '동물 제사'로 바꾸신 장면이기 때문이다.

오늘날은 사람을 제물로 제사를 드린다는 것이 이해할 수 없는 사건이고, 더없이 잔인한 일이다. 그러나 이 당시에는 인신제사가 그리 특별한 일이 아니다.

우리나라에 있었던 순장 제도도 일종의 인신제사였다. 높은 사람이 죽으면 그와 함께 했던 사람들도 함께 매장하는 것이 순장이다. 1970년대에 발굴된 신라 시대 무덤인 경주 황남대총에는 여자 어린아이가 순장되어 있었다.

신라 지증왕 때 공식적인 기록으로 순장을 금지하는 기록이 있었다. 이때가 기원후 502년이다. 아브라함 때면 그때보다 최소 천 년 이상, 아니 그보다 훨씬 전이다. 그때 하나님은 이미 잘못된 예배 형태를 수정해 주셨다.

이삭을 바친 이 극적인 사건이 인신 제사를 거절

하신 하나님의 뜻이라고 신학자들은 하나같이 이야기한다. 하나님은 지금 이삭을 드리라고 말씀하시는 것이 아니라, 절대 사람을 제물로 드리면 안 된다고 알려 주시는 것이다.

'잘못된 예배를 버리라.'
'바른 예배를 드려라.'

아브라함은 하나님에게 순종하는 모습을 통해 바른 예배가 무엇인지 알게 되었다. 순종을 통해 우리 신앙이 교정된다. 하나님이 원하시는 모습으로 만들어진다.

순종은 성숙한 믿음을 만든다

순종은 우리가 만들어지는 과정이다. 자녀에게 늘 잔소리 하고 훈계하던 집사님이 주일 말씀을 듣고 결단했다. '내려놓으라'라는 말씀이었다. 그 말씀 듣고, 순종하기 시작했다.

'내 잔소리가 자녀를 변화시키지 못한다.'
'내려놓고 기도하자.'

그랬더니 갑자기 아이들이 긴장한다. 늘 잔소리 하던 엄마가 달려졌기 때문이다. 그 결과 자녀들 행동이 달라지기 시작했다는 이야기를 들었다.

처음에는 자녀들의 행동을 바꾸려는 목적이 아니었다. 말씀을 듣고, '내려놓음'에 순종했을 뿐이다. 그 결과 '내가 내려놓으면 하나님이 붙들어 주시는구나!' 이것을 깨닫게 되었다. 순종이 성숙한 믿음을 만들기 시작했다.

순종은 퍼즐 맞추기다

우리의 신앙은 순종을 통해 하나하나 만들어지고 완성되어 진다. 그런 의미에서 순종은 퍼즐 맞추기다. 하나하나 순종, 하나하나 결단을 통해 우리의 신앙이 완성되어 간다.

다만 순종이 어려운 이유는 큰 그림을 다 알지 못하기 때문이다. '사랑하라'라는 말씀. 어렵게 순종해도 효과는 눈에 잘 보이지 않는다. 여전히 나를 미워하는 사람을 왜 사랑해야 하는지 그 이유도 잘 모르겠다.

부모가 잔소리하지 않고 내려놓아도, 자녀가 한 번에 달라지지 않는다. 어쩌면 위에 고백한 집사님 고백은 특별한 기적일지 모른다. '학업보다 믿음이 더 우선이다'라는 마음으로 학원 빼고 훈련학교와 수련회 보내지만, 성적 떨어지는 것은 보여도 믿음 자라는 것은 보이지 않는다. 큰 그림이 다 보이지 않는다.

우리가 보지 못한다고 해서 변화가 없는 것이 아니다. 하나님이 일하시기 때문이다. 우리의 크고 작은 순종은 절대 버려지지 않는다. 하나하나 퍼즐처럼 맞추어져 우리 신앙을 완성해 갈 것이다.

마종기 시인의 「익숙지 않다」의 일부다.

> 그렇다. 나는 아직
> 세상을 어떻게 살아야 하는지
> 익숙지 않다.
>
> 가난한 마음이란 어떤 삶인지
> 따뜻한 삶이란 무슨 뜻인지

나는 모두 익숙지 않다.

어느 빈 땅에 벗고 나서야
세상의 만사가 환히 보이고
웃고 포기하는 일이 편해질까.

70세가 넘은 노시인도 인생을 다 알지 못한다고 고백한다. 삶이 익숙하지 않다고 말한다. 순종도 그렇다. 여전히 힘들고 여전히 어려울 때가 많다. 그러나 그 과정을 통해서 우리의 신앙은 완성되어질 것이다.

순종이 쉬웠던 적은 한 번도 없다. 도저히 순종하지 못할 만큼 어려운 요구도 있다. 그럴 때는 그냥 거절하라. 한 번에 순종 못 해도 괜찮다. 거절하고 거절하라. 그래도 하나님이 계속 요구하시면 그때는 망설이지 말고 방향을 수정하라. 그렇게 우리 신앙은 하나하나 완성되어 질 것이다.

모든 이사는 짐을 옮기는 것이지만,
하늘나라로 가는 마지막 이사는 남겨두는 이사다.
삶을 남기는 것이다.
오늘을 남긴다.

"

성도의 죽음은 마무리가 아니라 이어짐이다

특별한 준비는 삶을 빛나게 한다

 빛나는 삶은 특별한 준비가 있다. 미술의 '미'자도 모르는 사람들도 '피카소'는 들어 봤다. 그는 평생 5만 점이 넘는 작품을 남겼다. 90세까지 일 년 365일, 매일 한 작품을 그렸다면 총 32,850점이 탄생한다. 그것도 1살 때부터 그렸다면 말이다.

 그런데 피카소는 평생 50,000점이 넘는 작품을 그렸다. 하루 한 점을 그려도 50,000점의 작품을 그리려면 137년이 걸린다. 피카소는 60년 동안 일 년 평

균 833점을 그렸다. 그만큼 많은 노력을 했다. 유명한 화가 피카소. 그의 빛나는 삶에는 특별한 노력이 있었다. 특별한 준비가 있었다.

'미생'이라는 드라마. 많은 사람의 사랑을 받았다. '미생'은 원래 윤태호 작가의 만화다. 그는 '미생'이라는 만화를 그리기 위해 3년을 준비했다. 음식점, 주식회사 창업, 벤처 창업. 이 모든 것에 관련 된 책을 엄청나게 읽고, 메모하고 자료를 모았다. 회계사까지 만나 인터뷰하면서 준비했다.

그런 특별한 준비 끝에 만들어진 작품이 '미생'이다. 만화책으로 50만 부 이상 팔렸고, 드라마까지 제작되어 전 국민의 사랑을 받았다. 빛나는 성공 뒤에는 특별한 준비가 있다.

준비하지 못하면 당황한다

반대로 준비하지 못한 삶은 늘 당황의 연속이다. 2015년 우리나라는 '중동호흡기증후군'이라는 메르스(Mers)의 공포에 시달렸다. 5월 4일 인천공항을 통해 한 남성이 귀국했다. 2015년 메르스 사태는 그 한 사람으로 인해 시작되었다.

메르스에 대한 아무런 준비가 없었기 때문이다. 방역당국과 병원들이 아무런 준비가 없었다. 큰일을 만나서 당황하는 것이 아니다. 준비하지 못한 일을 만나서 당황한다.

지금 대한민국은 장수(長壽)를 준비하지 못해서 당황하고 있다. 경제가 발전하고 의학이 발전하면서 수명은 늘어났다. '장수 시대'다. 그런데 더 늘어난 삶을 어떻게 살아야 할지 준비하지 못했다.

현재 5-60대를 살아가는 중년들. 젊을 때만 해도 직장을 은퇴하고 나면 쉴 수 있을 것이라고 생각했다. 상황이 달라졌다. 은퇴 후 다시 달려야 한다. 또 다른 직장, 또 다른 삶이 있어야 한다. 은퇴 후 삶을 미처 준비하지 못해 당황스럽다. 무엇을 어떻게 준비해야 할지 막막하기만 하다. 준비 없이 일을 만나면 잘 대처하기 힘들다.

준비하지 못한 죽음은 당황스럽다

 우리에게 죽음이 그렇다. 2019년 12월 28일. 아버지의 임종 소식을 들었다. 담도암으로 호스피스 병동에 계시다가 임종하셨다. 장례를 치르면서 위로의 시간을 보냈다. 많은 위로를 받은 시간이었지만, 동시에 소중한 사람들을 위로할 수 있는 시간이었다.

 장례가 난 첫날 28일 오후. 첫 조문객으로 새가족 한 분이 오셨다. 그분은 2019년 11월 11일. 아내를 하늘나라로 떠나보내신 분이다. 2019년 8월 13일에 알게 된 아내의 뇌종양. 그리고 불과 넉 달도 되지 않고 아내와 이별해야 했다. 그 이별이 더없이 슬픈 이유는 준비하지 못한 죽음이기 때문이다. 그 이후에도 많이 힘들어하셨는데, 아버지 장례로 다시 뵙게 되어 조금이나마 위로해 줄 수 있는 시간이었다.

 장례 둘째 날인 29일 밤 11시 30분 마지막 조문객으로 서울에서 부목사로 사역하고 있는 친구가 울산까지 내려왔다. 그 친구 어머니는 12월 3일에 돌아가셨다. 평소에 몸이 약하셨던 어머니, 댁에서 주무시다가 갑자기 돌아가셨다. 아무도 준비하지 못한 죽음이었다.

아버님께서는 슬퍼할 겨를도 없이 경찰 조사부터 받아야 했다고 한다. 그만큼 갑작스러운 죽음이었다. 장례식장이 청송이라서 수요예배와 새벽기도 때문에 조문을 못 갔었다. 그 친구가 아버지 장례 조문을 왔기에 그제야 친구를 위로해 줄 수 있었다. 갑작스럽게 찾아오는 죽음은 더없이 슬프고 안타깝다. 이별을 준비하지 못했기 때문이다.

장례식 설교를 할 때면 바이올리니스트 권혁주 씨의 죽음을 자주 인용한다. 2016년 10월 12일. 천재 바이올리니스트라고 불리던 권혁주 씨가 연주회를 위해서 부산에서 택시를 타고 가다가 죽는다. 그때 나이 31세. 그는 3살 때 바이올린을 시작했고, 9살 때 이미 세계적인 대회에서 상을 받기 시작했다. 그런 그가 갑자기 세상을 떠났다.

당시 그가 입고 있던 옷의 주머니에서는 청심환 같은 안정제가 발견되었다. 그가 무대에 오르기 전에 가끔 먹는 안정제다.

그는 '오늘 서는 무대에서 떨지 않을까?' 염려하고 준비했지만, 자신의 마지막 삶이 그렇게 끝나리라고는 생각하지 못했다. 아무런 준비를 못했다.

죽음을 버리지 않아야 삶이 깊어진다

서울대학교에서 인문학을 가르치는 정진홍 교수는 아무 준비도 없이 죽음을 맞이하는 죽음을 '불쌍한 죽음'이라고 말했다. 그는 이렇게 말했다.

> 모든 생명은 죽음에 이른다는 당연하고 자연스러운 사실을 아예 모르거나 의식하지 않은 채 산다. 그러다가 아무 준비 없이 갑자기 죽음을 맞이한다. 그러다가 죽음이 오면 절망하고 분노하고 안달한다. 이는 불쌍한 죽음이다.

죽음을 준비하는 것은 청승맞은 삶이 아니다. 지혜로운 삶이다. 성경도 우리에게 죽음을 준비하라고 말한다.

> 초상집에 가는 것이 잔칫집에 가는 것보다 나으니

> 모든 사람의 끝이 이와 같이 됨이라 산 자는 이것
> 을 그의 마음에 둘지어다(전 7:2).

죽음을 생각하고 준비하라는 말이다. 죽음을 버리지 않아야 삶이 깊어지기 때문이다.

17세기 그림에는 사람의 해골을 그린 작품들이 많았다. 이런 작품들을 '바니타스'(Vanitas) 작품이라고 말한다. 인생에 끝이 있다는 것을 기억하라는 말이다. 많은 철학자가 자신의 서재에 실제 사람의 해골을 가져다 두기도 했다. 죽음을 생각하며 삶을 의미 있게 보내기 위해서다. 죽음을 버리지 않아야 삶이 깊어진다.

잘 준비된 죽음이란 장례식장을 미리 준비하는 것이 아니다. 유언을 잘 남겨 놓는 것도 아니다. 삶을 잘 준비하는 것이다. 아름다운 삶을 사는 것이다.

믿음의 조상 아브라함. 순종의 사람 아브라함. 성경은 그의 순종뿐 아니라 그의 죽음도 기록한다.

> 아브라함의 향년이 백칠십오 세라 그의 나이가 높고 늙어서 기운이 다하여 죽어 자기 열조에게로

> 돌아가매(창 25:7-8).

죽음을 생략하지 않는다. 우리는 아브라함의 죽음을 통해 성도의 죽음을 생각해 볼 수 있다. 이것은 하나님이 우리에게 주신 복이다.

성도의 죽음은 마무리가 아니라 이어짐이다

아브라함의 죽음이 우리에게 알려 주는 것이 있다. '죽음은 마무리가 아니라 이어짐이다.' 이것을 알려 준다.

성경은 아브라함의 죽음을 기록하고 있다. 그러나 아브라함의 삶으로 마치지 않는다. 이삭의 삶으로 이어진다.

> 아브라함이 죽은 후에 하나님이 그의 아들 이삭에게 복을 주셨고(창 25:11).

아브라함의 죽음은 마무리가 아니다. 이삭으로 이어진다.

성경을 읽다 보면 지루하게 만드는 것이 족보다. 특히나 창세기에서는 뜬금없이 족보가 자주 나온다. 한 사람의 죽음이 그 사람으로 끝나는 것이 아님을 알려 준다. 이어짐이다.

교육 전도사로 첫 사역을 했던 교회. 그곳에서 한 할머니를 만났다. 따님 집에 잠시 와 계신 할머니셨다. 교회에 오가실 때면 굽은 허리 때문에 차를 타고 내리시는 것도 힘들어 하셨다. 그래서 한두 번 업어서 댁으로 모시고 갔던 기억이 있다. 참 왜소하셨고, 약해 보이셨다.

그러다 그분이 고향인 경북 고령으로 가셨고, 그곳에서 돌아가셨다. 장례를 참석하기 위해 교회차를 운전해서 고령으로 갔다.

장례 예배를 드리면서 고인에 대한 이야기를 듣고 깜짝 놀랐다. 그 할머니는 고령군 지역에서는 거의 초창기에 신앙생활을 하셨다. 할머니가 예수님을 믿으실 때만 해도 그 지역에서는 유일한 기독교인이셨다고 한다. 이제는 그 지역에 교회가 세워졌다. 할머니의 전도 때문이다. 그리고 그 할머니 슬하에 아들, 사위, 손주까지. 여러 목사님과 장로님들까지 굉장히 많았다.

한 명에게서 시작한 복음이 지역을 변화시켰고, 많은 믿음의 후손을 남겼다. 장례를 마치고 짧게 글을 썼다. 제목은 "나는 오늘 아브라함의 장례식에 다녀왔다." 그 할머니야말로 아브라함이었다.

작고 왜소하던 몸. 업으면 그렇게 가볍던 몸이지만, 그분의 삶과 믿음의 무게는 내가 감히 감당할 수 없는 무게였다.

그분의 이 땅에서의 삶은 마무리 되었지만, 그분의 믿음은 여전히 이어지고 있다. 성도의 죽음은 마무리가 아니다. 남겨지는 것이 있다.

무엇이 남겨지는가?

발자국이 남는다. 손으로 붙들어 두지 못하는 것이 죽음이다. 그러나 죽음도 가져가지 못하는 것이 발자국이다. 죽음 이후에도 삶의 발자국은 남아서 이어진다.

죽음도 발자국은 지우지 못한다

아브라함의 발자국이 지워지지 않았기 때문에 지금도 우리는 아브라함을 알고 있다. 우리는 지금까지 아브라함의 발자국을 살펴보았다. 하나님이 그를 부르셨을 때 익숙함을 떠난 순종의 발자국. 가뭄을 견디지 못하고 애굽으로 내려간 연약함의 발자국. 다시 돌아와서 하나님을 예배하던 예배의 발자국.

계속해서 이어지는 그의 삶은 분명한 자국이 되어 성경에 남아있고, 우리가 볼 수 있다. 아브라함의 삶은 4천 년 전에 마무리되었지만, 그의 발자국은 믿음의 모양으로 남아 우리에게 전해진다. 성도의 발자국은 죽음 이후에도 믿음으로 남겨진다.

2천 년 전에 죽은 바울의 발자국은 아직까지 선명하다. 예수님 믿는 사람들을 핍박하고 괴롭히던 사람. 그가 예수님을 믿고 완전히 달라졌다. 핍박하던 사람이 순교하는 사람이 되었다. 복음을 전하기 위해 그 어떤 어려움도 마다하지 않았다. 그의 발자국은 회심의 발자국이고, 헌신의 발자국이다.

그렇게 아름다운 발자국도 있지만 때로는 지우고 싶은 발자국도 있다. 가룟 유다의 죽음이 그렇다. 예수님이 불러 주신 제자였지만, 은 30세겔에 예수님을 팔아 버렸다. 은 30이면 노예 값이다. 예수님을 노예와 같은 값으로 팔아 버렸다. 그 이후에 스스로 목숨을 끊어버렸다. 지우고 싶은 죽음이다. 지우고 싶은 발자국이다.

아나니아와 삽비라의 삶이 그러했다. 하나님을 속이고 교회를 속인 아나니아와 삽비라. 많은 헌신을 했지만, 그 속에 진심이 없었다. 그 헌신이 하나님을 향한 것이 아니라 자신의 영광을 위한 것이었다. 부끄러운 발자국이다.

그들에게 베드로가 묻는다.

"너희가 가지고 온 헌금이 진짜 전 재산이 맞느냐?"

하나님은 전 재산을 가져오라고 한 적도 없다. 그럴 필요도 없었다. 그럼에도 불구하고 영광을 받고 싶은 욕심에 그리고 다 내어놓을 수 없는 욕심에 부부가 한 날에 죽는다. 부끄러운 죽음이다. 지우고 싶은 발자국이다.

발자국 vs. 멍자국

지우고 싶은 발자국도, 아름다운 믿음의 발자국도 오늘 우리 삶을 통해 남는다.

내가 가족들에게 했던 한마디 말이 가족들의 가슴에 깊은 발자국이 되어 남는다. 교회 지체들에게 해 준 한마디 말이 깊은 자국이 되어 남는다. 어떤 집사님은 자신을 보고 웃어 주던 한분의 미소 때문에 힘이 되었다는 말을 들었다. 그분에게는 상대방의 미소가 발자국이 되어 가슴에 따뜻하게 남았다.

그러나 이 발자국의 무게를 알지 못하면, 믿음의 발자국이 아니라 아픔의 멍자국을 남길 때도 많다. 한 후배 사역자에게 이런 말을 해 준 적이 있다.

> 아이들과 농담을 할 때도 비하하는 말은 되도록 피하라. 사역자는 그런 분위기가 있을 때 막아 주는 사람이지, 부추기는 사람이 아니다. 농담도 비하하는 농담보다는 칭찬의 농담이 좋다.

나는 가벼운 농담이지만 상대방에게는 아픔의 멍자국이 되어 남을 수 있다.

지금까지 우리의 삶을 보면 믿음의 발자국을 남길 때도 있었지만 아픔의 멍자국을 남길 때도 많았다. 아브라함의 모습도 그렇다. 부끄러운 모습일 때도 많았다. 그래도 하나님은 그를 믿음의 조상으로 만들어 주셨다.

많은 사람이 아브라함을 부끄러운 모습보다 이삭을 드린 믿음의 사람으로 기억한다. 하나님은 순종의 삶을 기억하시기 때문이다. 그 모습을 남기기 원하시기 때문이다.

내 사역을 돌아보아도 그렇다. 아버지 장례식 때 첫 사역지에서 함께 했던 주일학교 선생님 두 분이 오셨다. 첫 사역. 참 미숙하고, 참 부족했다. 문득 철없던 시절의 무모한 열정이 떠올라 뜬금없이 사과를 했다.

"제가 참 부족했어요. 참 지혜가 없었어요."

그럼에도 그분들이 해주신 한 마디.

"그래도 우리 교회 집사님들과 교사들은 박 전도사님에 대한 이야기는 다들 좋은 이야기만 해요. 그때에 대해 이야기 하면 항상 좋은 기억이 있어요."

부족함이 많아 멍자국을 남긴 줄 알았는데, 하나님의 은혜로 좋은 발자국으로 남겨져 있었다. 한편으로 감사했고, 한편으로 더 부끄러운 시간이었다.

하늘나라 이사는 남겨두는 이사다

모든 이사는 짐을 옮기는 것이지만, 하늘나라로 가는 마지막 이사는 남겨두는 이사다. 삶을 남기는 것이다. 오늘을 남긴다. 성도의 죽음은 마무리가 아니다. 이어짐이다. 믿음의 발자국으로 이어진다. 순종의 발자국으로 이어진다.

이것이 우리가 힘들어도 순종을 해야 하는 이유다. 순종이 쉬웠던 적은 없다. 부끄럽지만 늘 순종을 강요하듯 설교하는 목사도 여전히 순종이 어렵다. 그럼에도 하나님은 우리를 통해 순종의 발자국을 남기기 원하신다